KB275096

단순한
마음일기

글, 그림 | 단무지

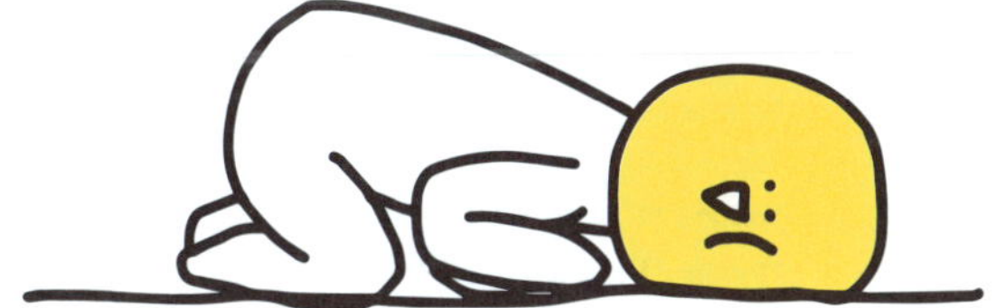

단무지의 단순한 마음일기

Think Simple

Intro.

단순하게 살 수 있다면 얼마나 좋을까 하는 생각을 자주 해봅니다. 지금 당장 내 눈 앞에 있는 문제가 커 보여도, 단순하게 생각하면 사실 별거 아닌 일이 되어버리 니까요. 이런 마음을 담아 '단순하고 무한한 지혜로' 살아가자는 의미로 단무지 라는 작가명을 지었습니다.

사실 저는 단순한 사람이 아니라, 단순해지고 싶은 사람입니다. 처음에는 취준생 시절이 너무 힘들어 그 시기를 단순하게 보내고 싶은 마음에 시작한 단무지툰이, 취업, 퇴사를 거쳐 프리랜서로, 이제는 일상을 살아가는 삶을 단순하게 살아가고 싶은 이야기를 전하는 곳이 되었네요.

이 책은 그런 일상 속 단순해지고 싶은 이야기들을 모아, 여러분의 지친 일상과 힘든 하루에 조금이나마 위로와 용기가 되었으면 하는 마음을 담아 그리고 썼습 니다. 단순하지 못한 우리네들의 삶에 조금이나마 단순한 지혜가 주어지길 바라며,

이야기를 시작합니다.

힘내라는 말이 나에게 더이상 힘을 주지 못할 때

Think Simple

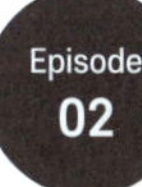

너는 하고 싶은 게 뭐야?

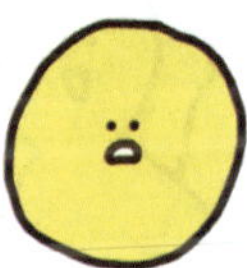

나는 꿈이 있어서
잠시 지체되는 이 시간이 괜찮다고 여기고 있었다.

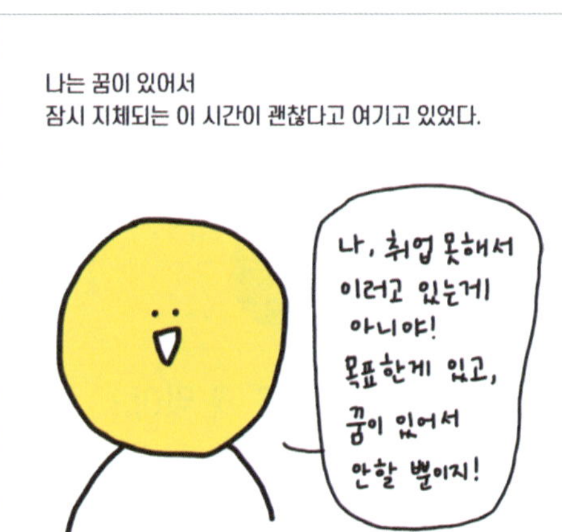

그렇게 말하고 있는 나에게 사람들이 질문하기 시작했다.

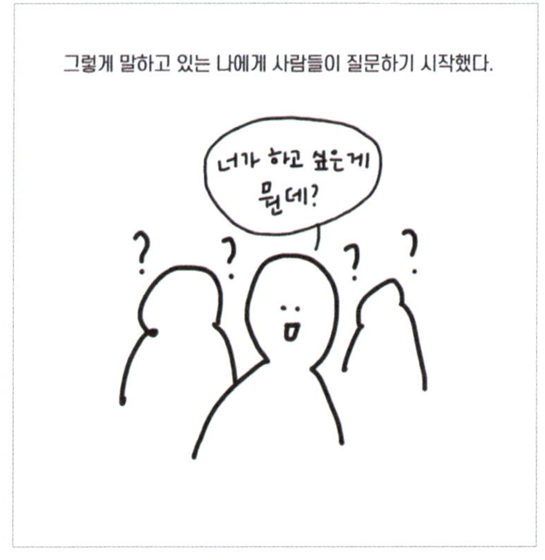

그런데 이상하게 나는 명확하게 대답할 수가 없었다.

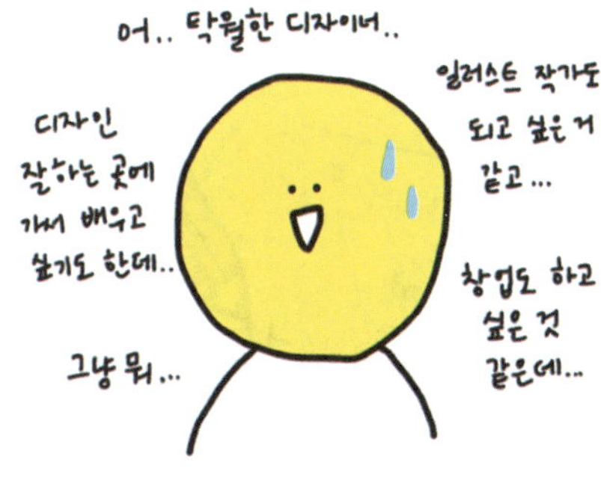

어릴 때는 분명 선명한 꿈이 있었던 것 같은데

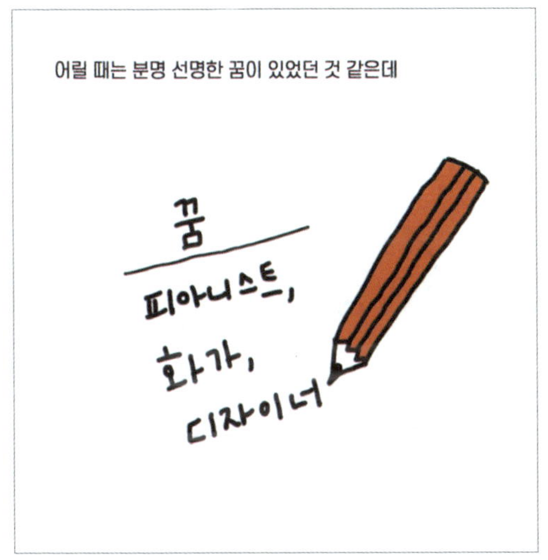

어느 순간 막연한 꿈이 나의 원래 꿈이었던 것처럼
얼버무리고 있는 나 자신을 발견했다.

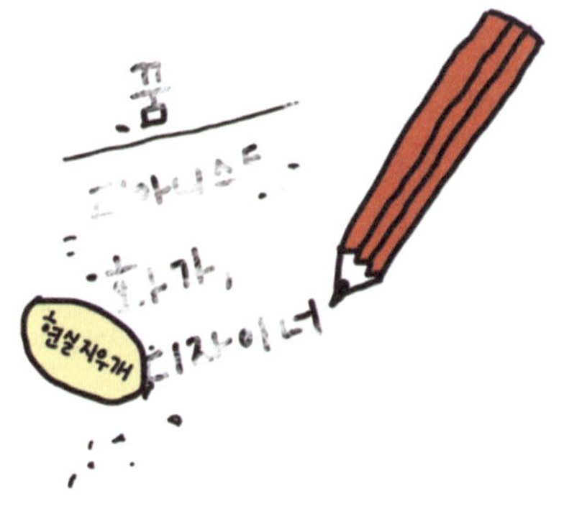

나 뭐. 그냥...
일단 취업은 안하고 싶어.
그냥 내가 하고 싶은거 하고 싶어.

나, 사실
지금 그냥 많이 지쳐있는 것 같아.

지금은 꿈을 좇을 자신도,
나 스스로에게 확신도 없는 것 같아.
그냥 그런 것 같아.

- 끗 -

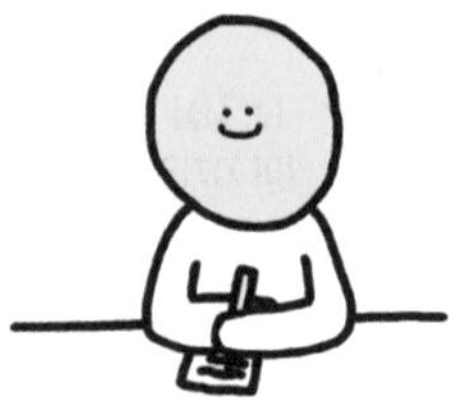

꿈, 열정이 많았던 시절과 다르게
아무것도 하고 싶지 않은 때가 찾아왔습니다.

많이 지쳐있어도, 그래서 지금은 꿈을 좇을 자신도,
스스로에게 확신이 없어도 괜찮아요.

이 또한
궂은 날씨가 개면 언제 그랬냐는 듯
화창해지는 날씨처럼,
잠시 지나가는 먹구름과 같은 것일 테니까요.

쉬는 것도 노력이 필요해

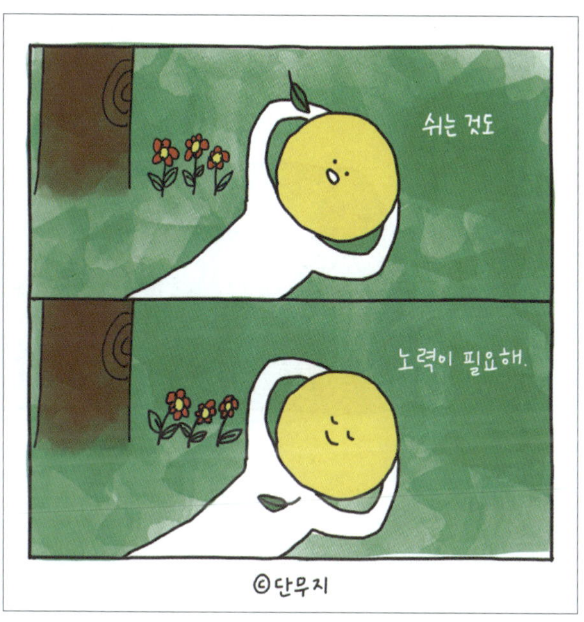

어둠의 터널을 지나고 있는 이들에게

〈마음일기〉

끝이 보이지 않는 어두운 터널을 지나고 있다면

어둠의 터널을
지나고 있는 이들에게

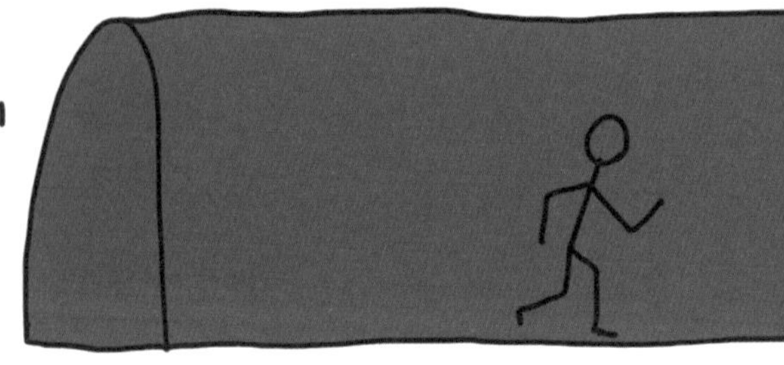

ⓒ단무지

조금만 더 힘을 내어 걸어보라고

천천히 걸어도 좋으니, 절대 포기만 하지 말라고

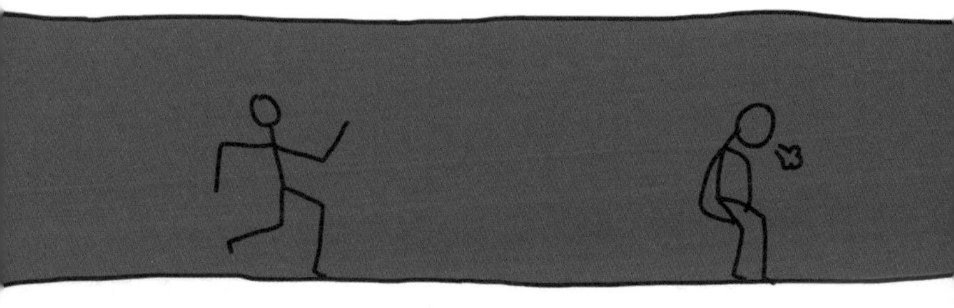

끝이 없다고 느껴지는 지점에 와 있다면

그것은 끝에 다다랐다는 반증이기도 하기에.

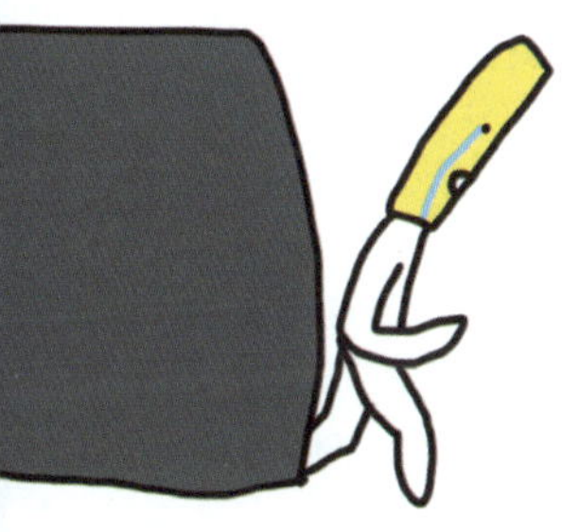

참 긴 여행이었다.

:)

-끗-

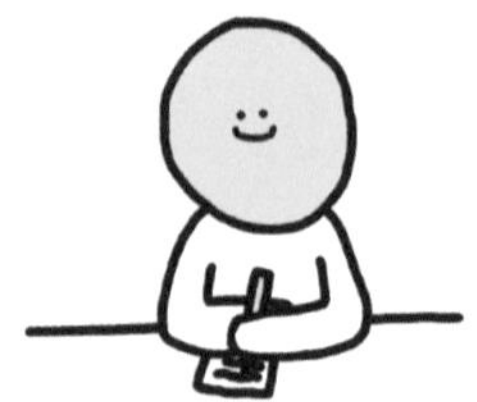

끝이 보이지 않는
어두운 터널을 지나고 있다면,
포기하지 말고 조금만,
조금만 더 힘을 내어보아요.

이 길고 긴 여정 끝에
환희의 눈물을 흘릴 그날을 기대하며.

같은 시간을 걷고 있는
당신과 나에게 해주고 싶은 이야기.

꿈을 잃어버린 줄 알았다 1

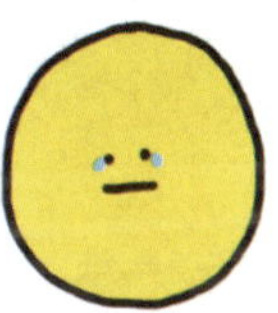

퇴사를 하고 나니 아무것도 하기 싫어졌다.

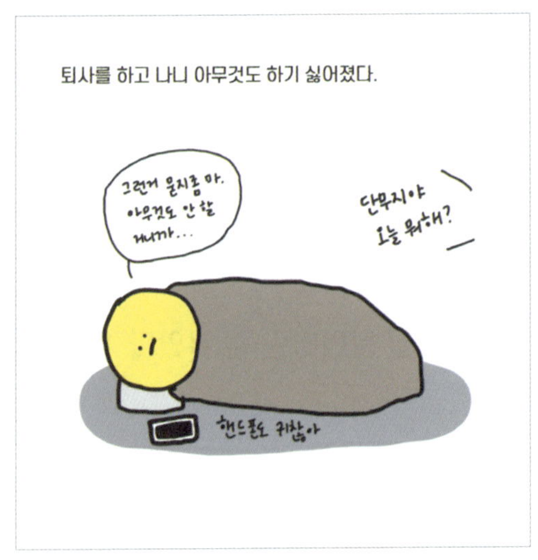

어릴 적부터 좋아했던 그림 그리기 마저도.

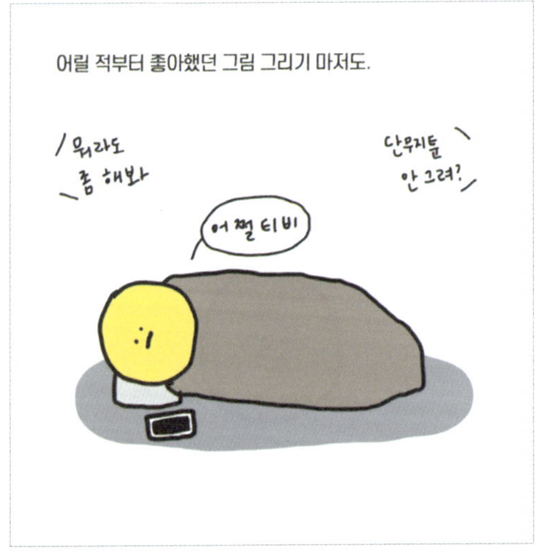

그렇게 되고 싶은 게 아무것도 없는 몇 달을 보냈다.

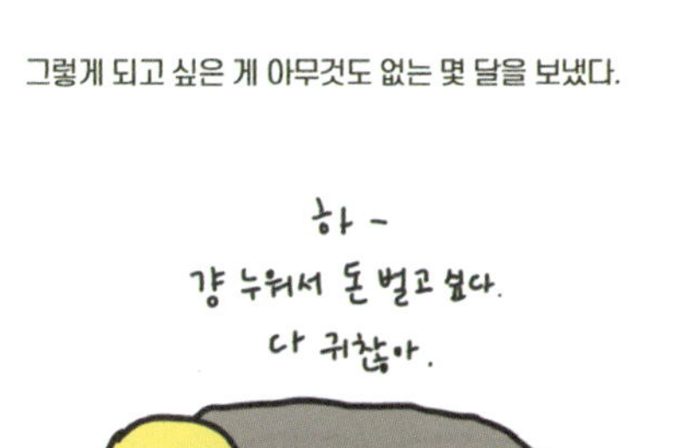

그러다 하루는 인스타툰 팔로워가 막 늘었다.

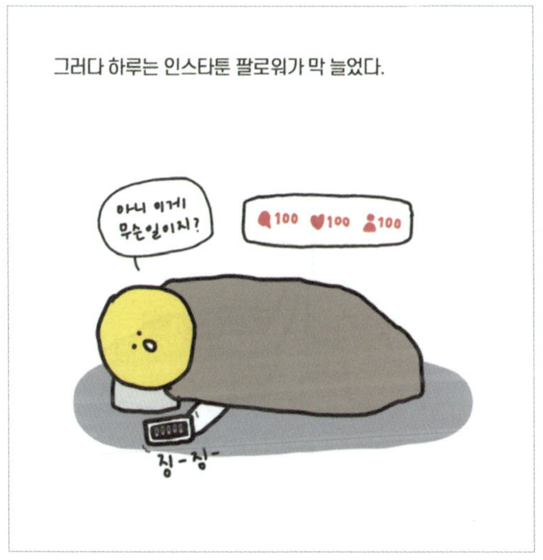

그리고 어떤 하루는 괜찮은 부업을 알게 되었다.

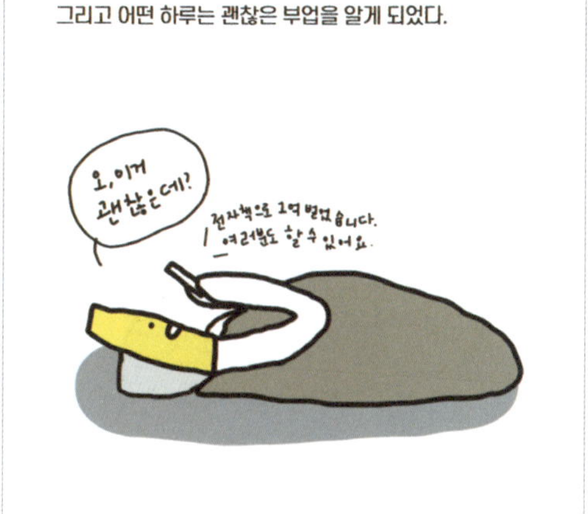

갑자기 나도 무언가를 할 수 있겠다는 확신이
조금씩 생기는 것 같았다.

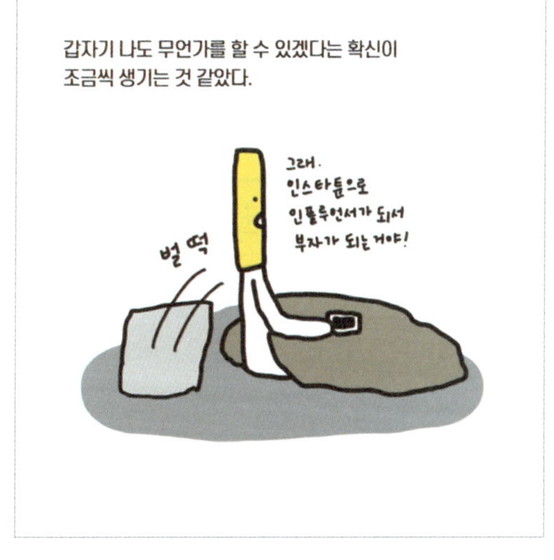

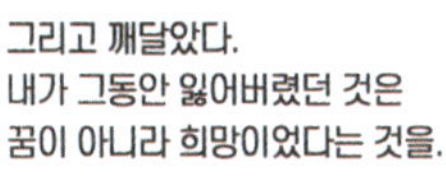

그리고 깨달았다.
내가 그동안 잃어버렸던 것은
꿈이 아니라 희망이었다는 것을.

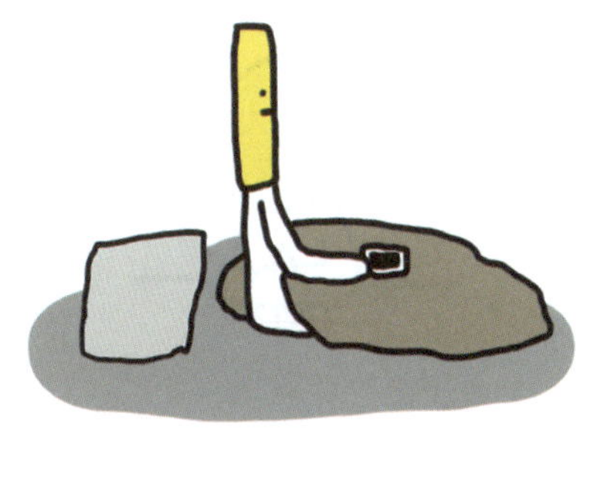

사실은 실패로 인한 절망감보다
아무런 기대가 없는 무망감이
더 견디기 힘든 감정이라는 것을.

-다음화에 이어서-

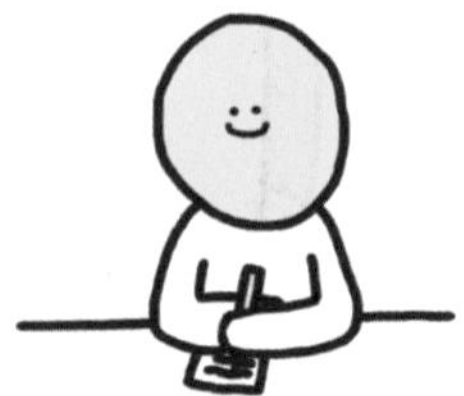

실패로 인한 절망감보다
아무런 소망이 없는 무망감이
더 견디기 힘들다는 것을 알게 되었습니다.

하고 싶은 게 없을 때에
내가 진정으로 잃어버린 것이 꿈인지,
희망인지를 돌아보는 것이 필요하다는
생각을 해봅니다.

사실은 잃어버린 것이 희망인데,
꿈인 것처럼 느낄 수도 있거든요.

꿈을 잃어버린 줄 알았다 2

무망감. 이것은 사실
정말 아무것도 하고 싶지 않은 감정이기보다,

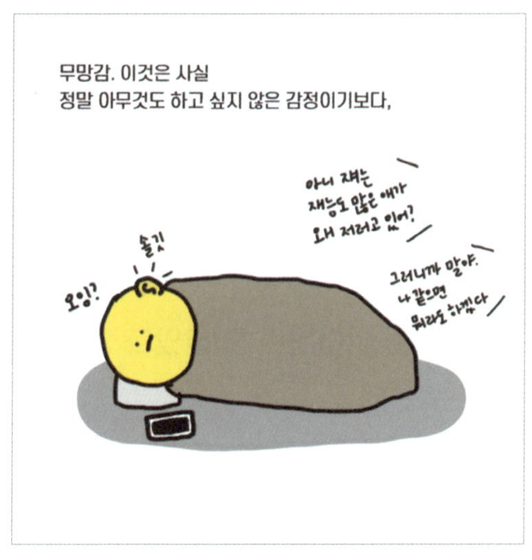

반복되는 실패로 더 이상 나 자신에게 실망하고 싶지 않아
스스로가 선택한 최후의 가면인 것 같다.

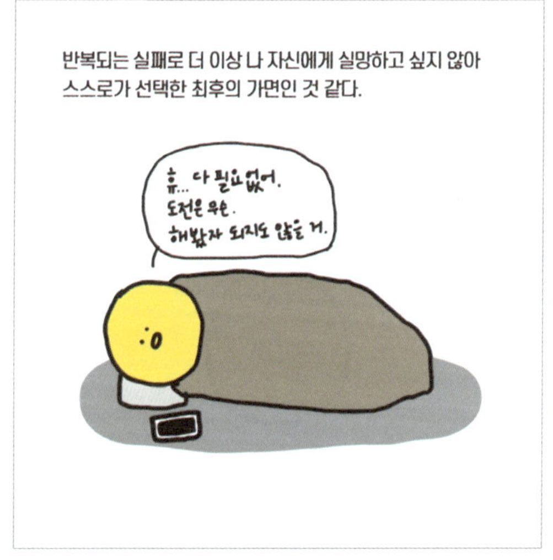

아무것도 하지 않으면
실패도, 좌절도, 창피함도 없으니까.

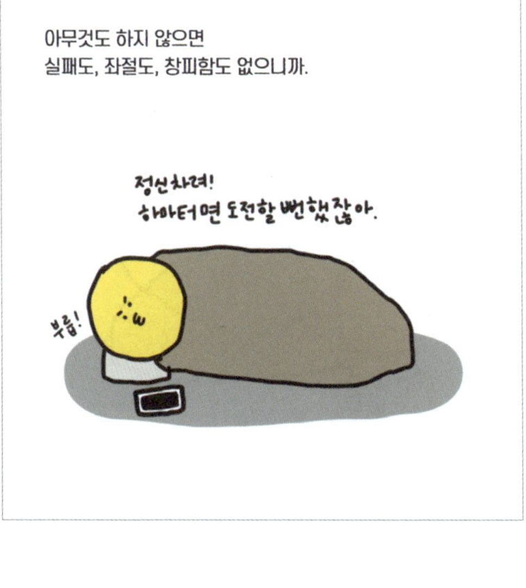

아니, 어쩌면 그런 감정들을 받아낼 만한
몸과 마음의 에너지가 전혀 없는 상태일 수도 있겠다.

그런 무망감에서 벗어나,
무언가를 할 수 있을 것 같다는 희망감을 회복하려면
자기 확신과 자신감이 중요하다.

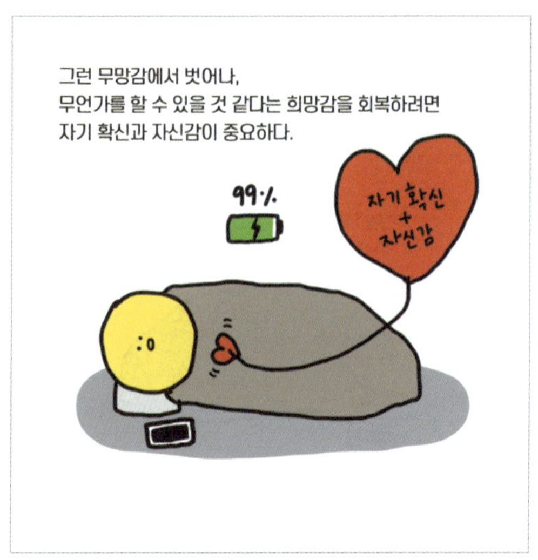

다행인 것은, 자기 확신과 자신감은 일상의 작은 성취를
통해서도 충분히 쌓아갈 수 있다는 것이다.

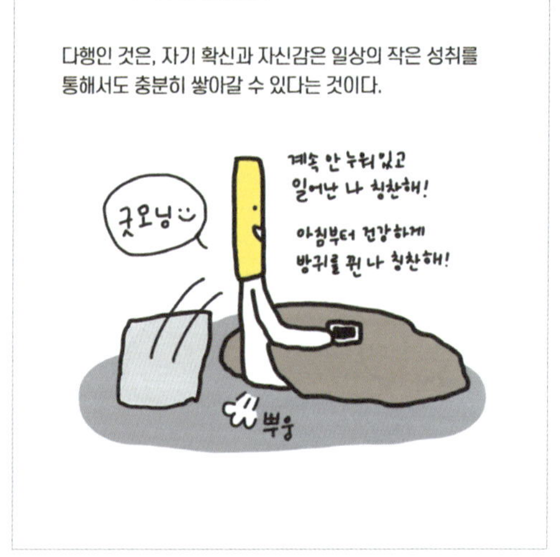

그리고 그것을 기록으로 남겨, 우울감과 무기력한 마음이
찾아올 때, 스스로에게 다시 말해주는 것이 중요하다.

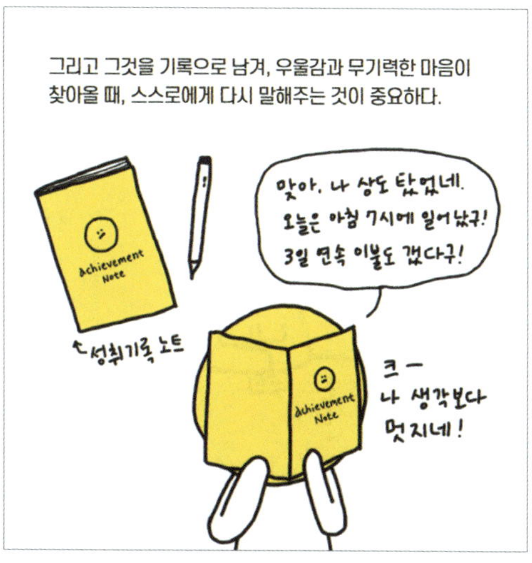

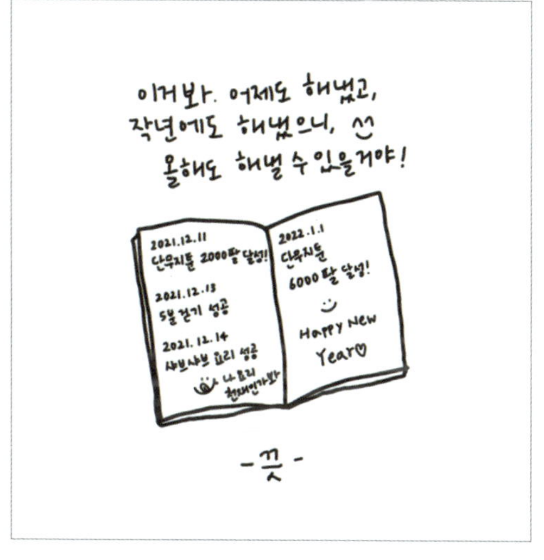

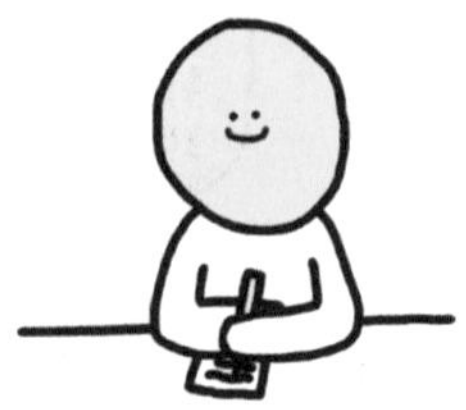

반복되는 실패로
더 이상 나 자신에게
실망하고 싶지 않아서 선택한 행동이
아무 것도 기대하지 않는
무망감의 원인이었습니다.

아무것도 하지 않으면
실패도, 좌절도, 창피함도 없으니까요.

일상의 작은 성취로
자기 확신과 자신감을 회복하는 것이
무망감을 벗어나는 첫 걸음입니다.

인생이 막연하다면

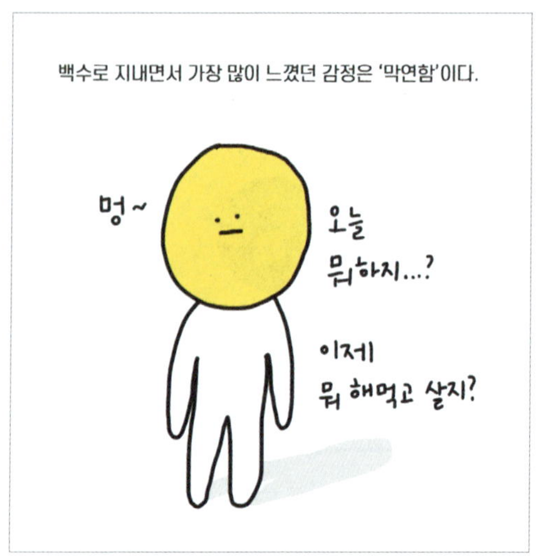

백수로 지내면서 가장 많이 느꼈던 감정은 '막연함'이다.
멍~
오늘
뭐하지...?
이제
뭐 해먹고 살지?

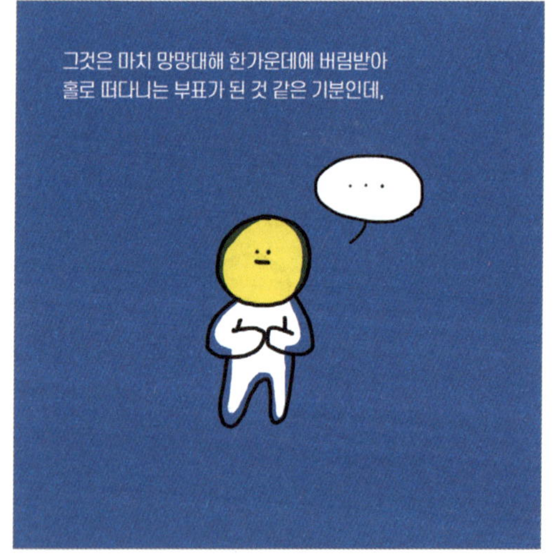

그것은 마치 망망대해 한가운데에 버림받아
홀로 떠다니는 부표가 된 것 같은 기분인데,
...

분명 뭔가가 되고 싶었는데, 되고 싶은 게 없는 것 같은

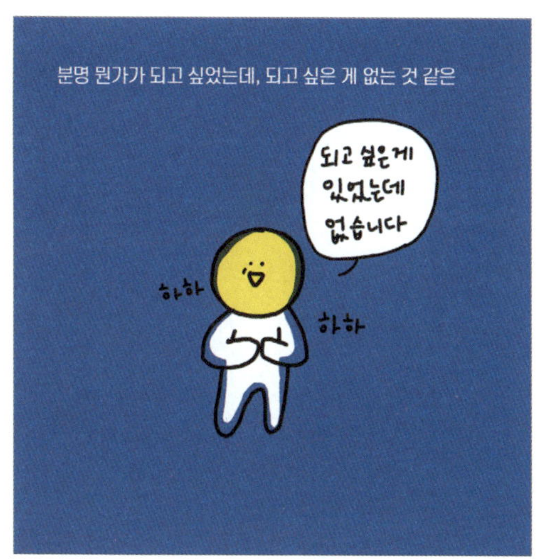

뭔가가 되어야 하는데 뭐부터 시작해야 할지 모르겠는

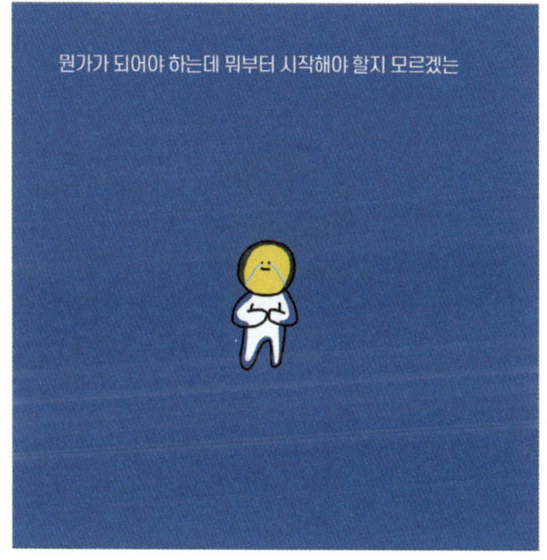

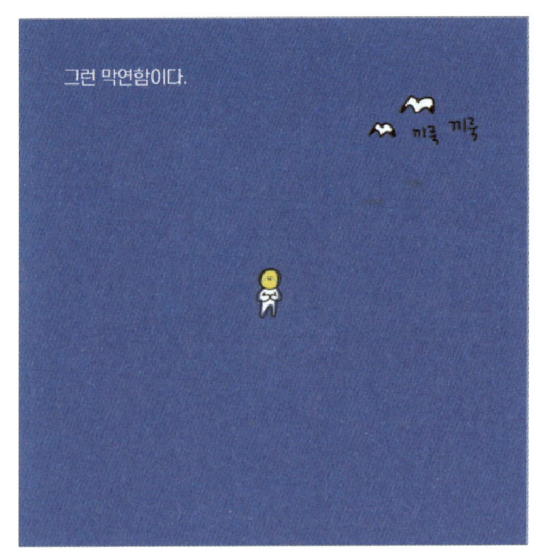

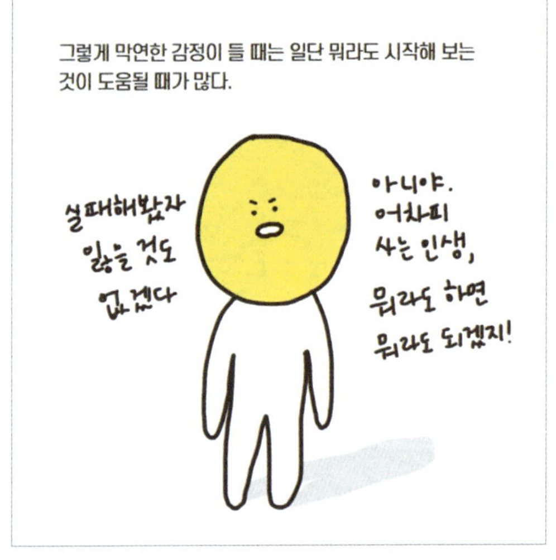
그렇게 막연한 감정이 들 때는 일단 뭐라도 시작해 보는 것이 도움될 때가 많다.

솔직하게 적어보고 단순하게 행동하는 것이다.

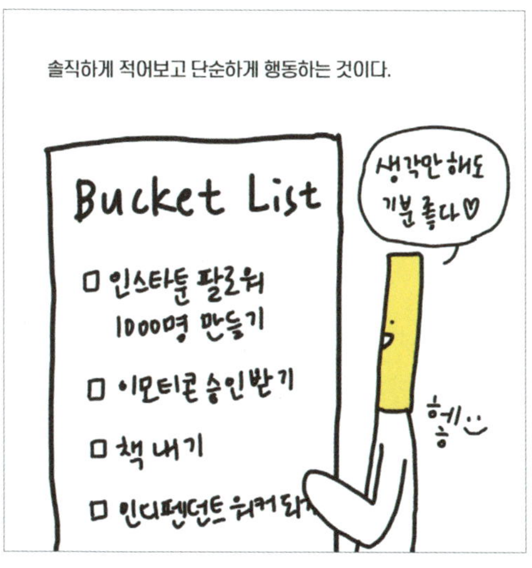

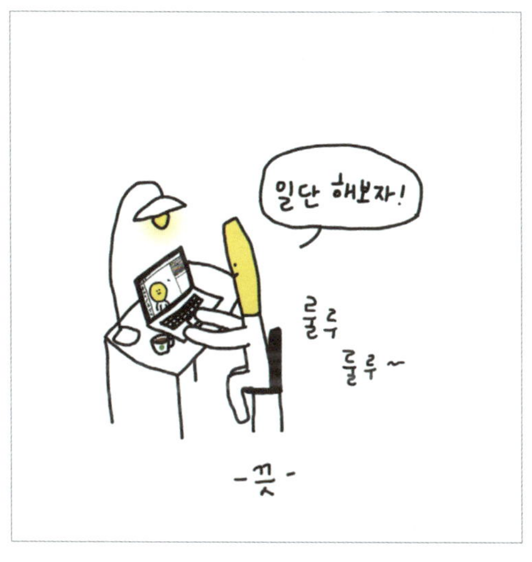

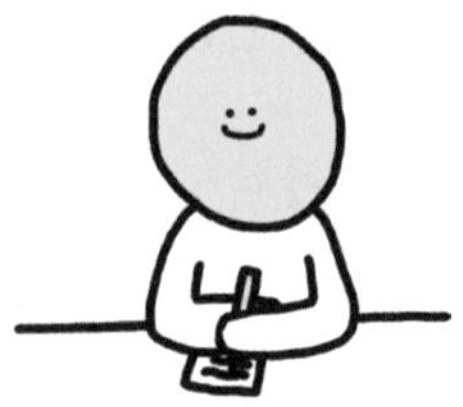

뭔가가 되긴 해야 하는데
뭐부터 시작해야 할지 모르겠는
막연함이 들 때가 있습니다.

그런 감정이 들 때는
일단 뭐라도 시작해보는 것이
도움이 될 때가 많습니다.

솔직하게 적어보고,
단순하게 행동하는 것이지요.

긍정적으로 생각하라는 말의 의미

내가 20대 후반일 때, 어떤 어른을 만난 적이 있다.

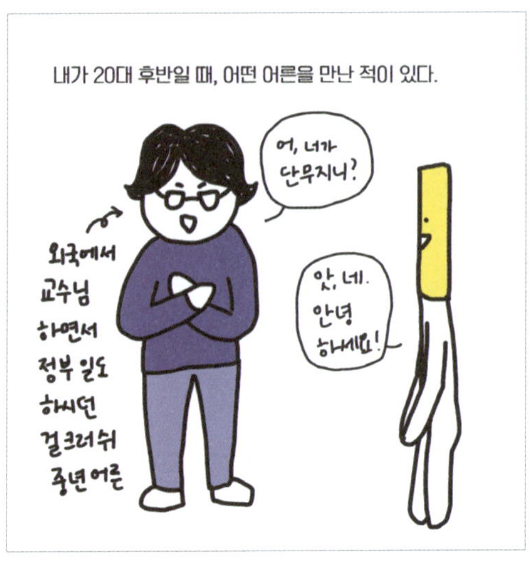

그 어른은 나를 보고 자신의 청년 시절이 생각났는지,
나에게 말을 붙이셨다.

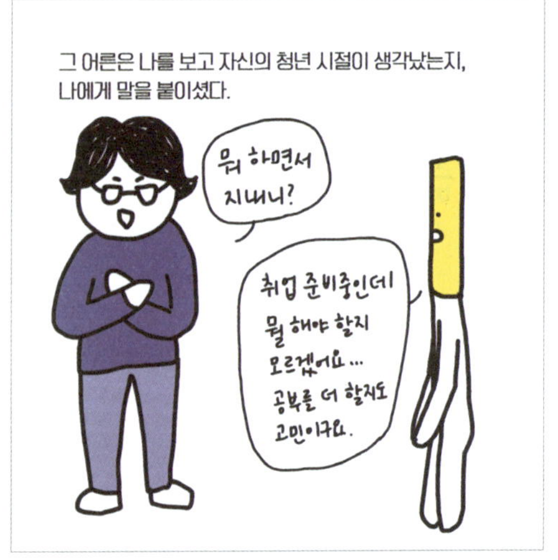

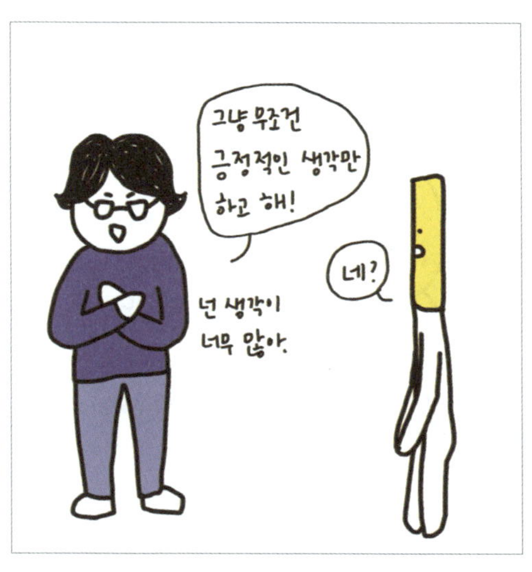

그냥 무조건 긍정적인 생각만 하고 해!
넌 생각이 너무 많아.
네?

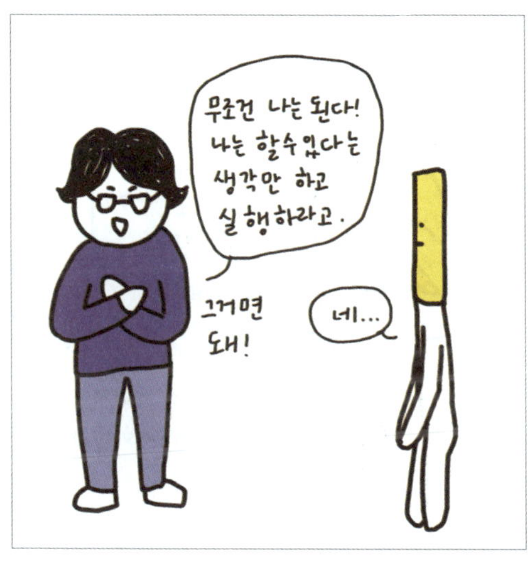

무조건 나는 된다! 나는 할수있다는 생각만 하고 실행하라고.
그거면 돼!
네...

당시에는 마음의 여유가 없었는지, 그 조언이
쉽게 받아들여지지 않았다.

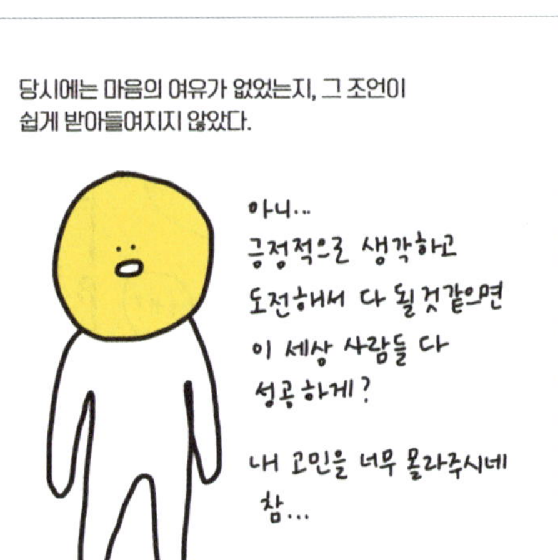

아니...
긍정적으로 생각하고
도전하면 다 될 것같으면
이 세상 사람들 다
성공하게?

내 고민을 너무 몰라주시네
참...

절망의 늪을 한참 헤매고 나서야

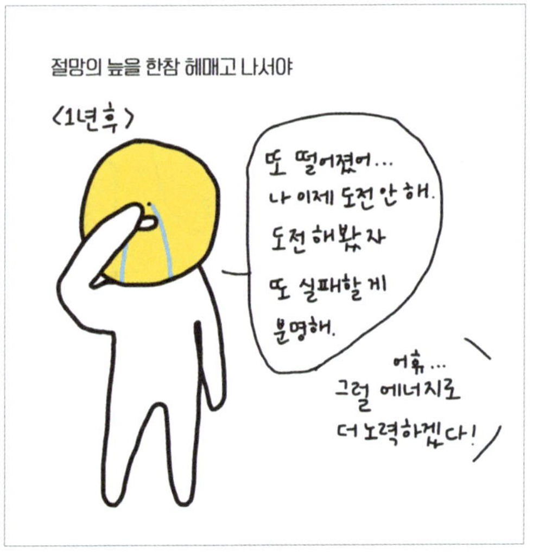

<1년 후>
또 떨어졌어...
나 이제 도전 안 해.
도전 해봤자
또 실패할게
분명해.
어휴...
그럴 에너지로
더 노력하겠다!

그 말의 의미를 알게 되었다.

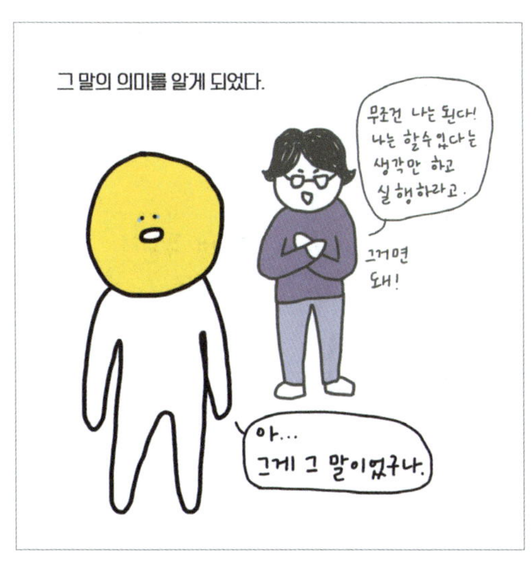

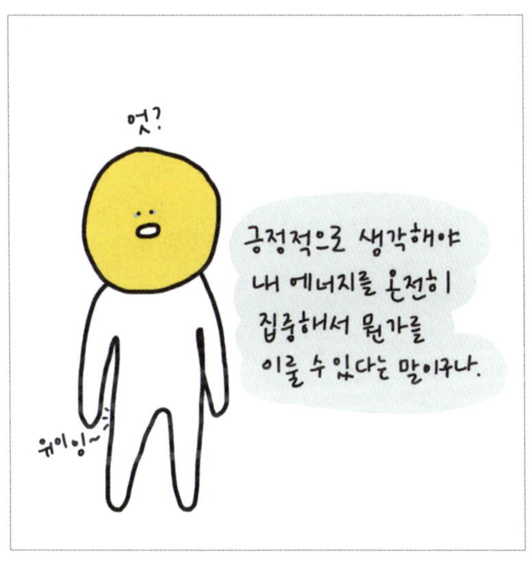

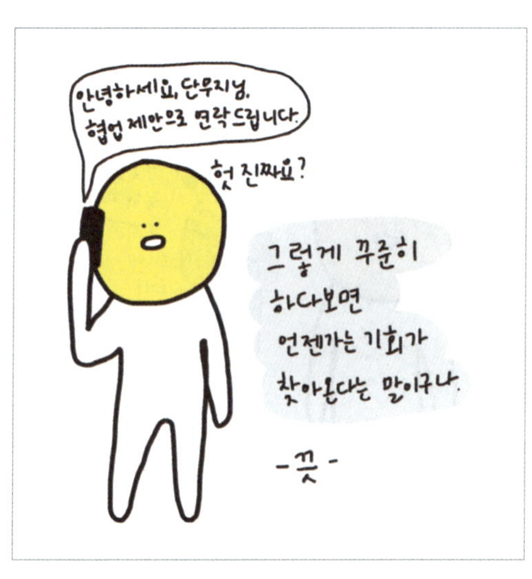

안녕하세요, 단무지님.
협업 제안으로 연락 드립니다.
헛 진짜요?
그렇게 꾸준히
하다보면
언젠가는 기회가
찾아온다는 말이구나.
- 끗 -

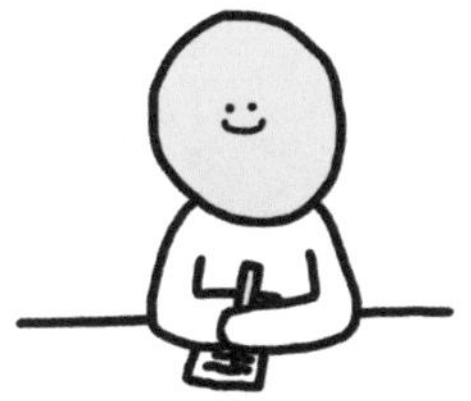

그때는 참 현실성 없는
이야기라 생각했는데,
이제야 그 말의 의미가 무엇인지를
알아가고 있습니다.

긍정적인 마음으로
모든 에너지를 쏟아 부어도
목표한 것을 이룰까 말까 하는
현실의 냉혹함을 알게 되었고,
부정적인 생각에 머물러 있기에는
젊음이 너무 아깝다는 것을요.

노력하는 모두가 최고가 될 수는 없어도,
꾸준함을 통해 각자의 위치에서 빛날 수 있다는 것을요.

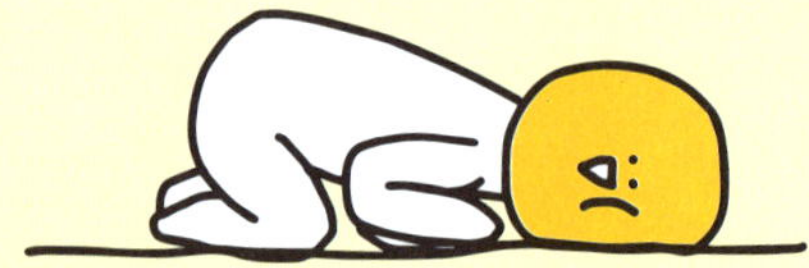
Think Simple!

96세 할머니와의 대화

〈일상 일기〉

96세 할머니와의 대화

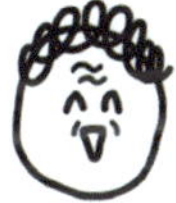

ⓒ단무지

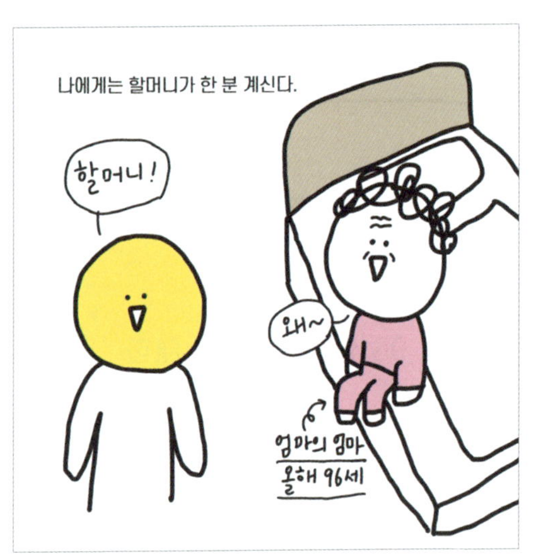

나에게는 할머니가 한 분 계신다.
할머니!
왜~
엄마의 엄마
올해 96세

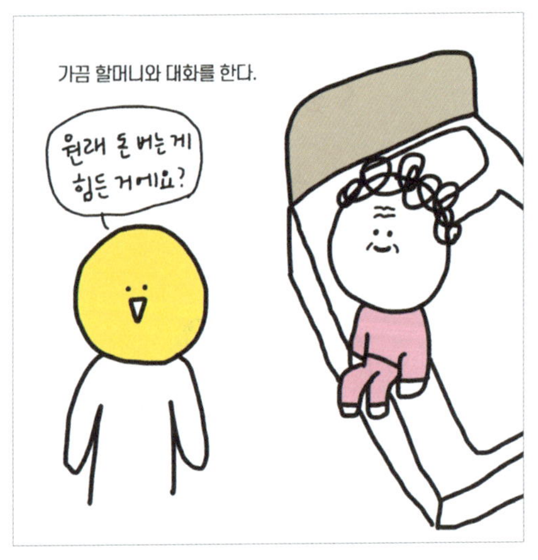

가끔 할머니와 대화를 한다.
원래 돈 버는 게
힘든 거예요?

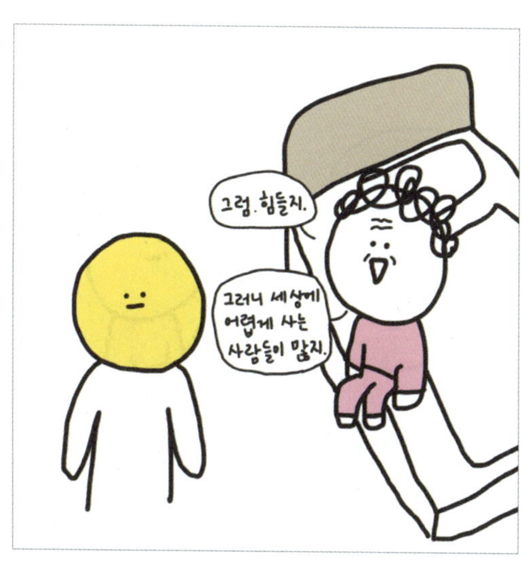
그럼. 힘들지.
그러니 세상에
어렵게 사는
사람들이 많지.

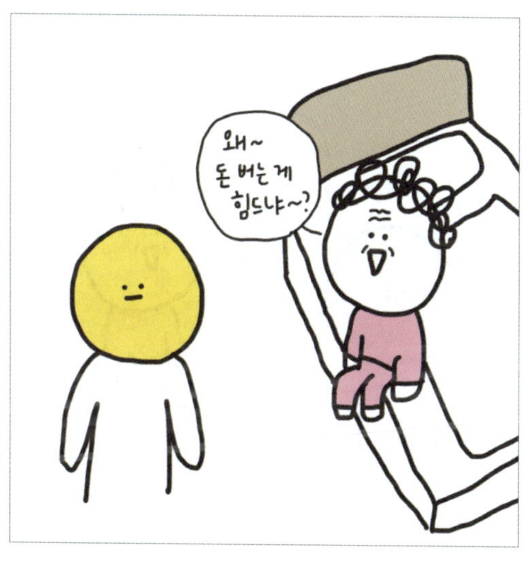
왜~
돈 버는 게
힘드냐~?

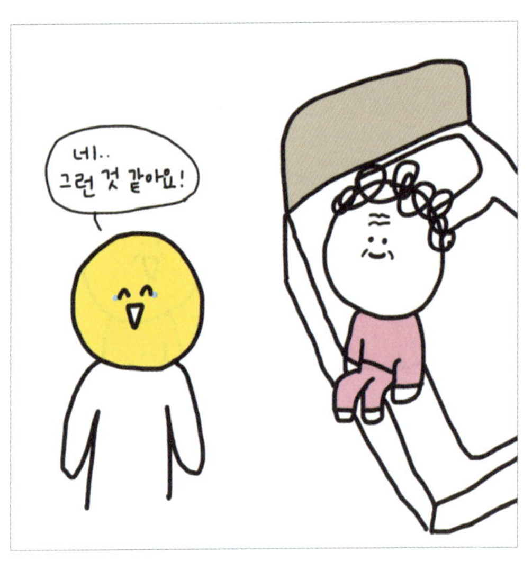

네..
그런 것 같아요!

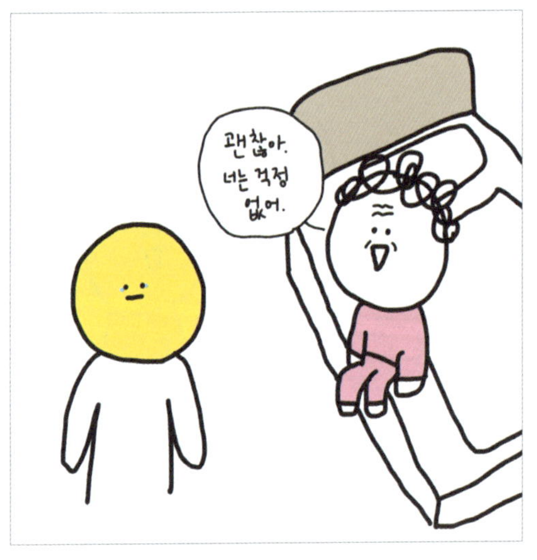

괜찮아.
너는 걱정
없어.

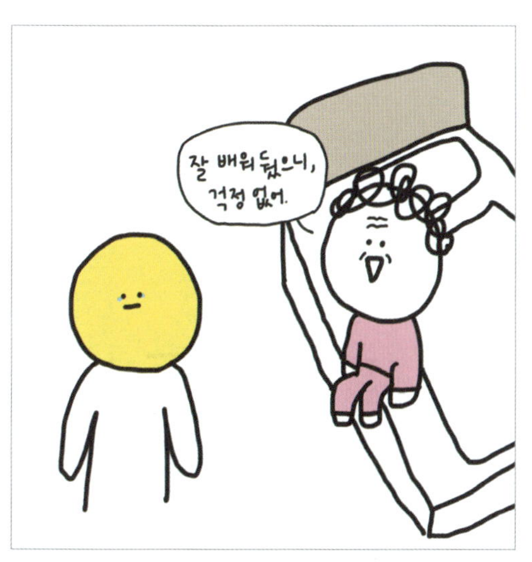

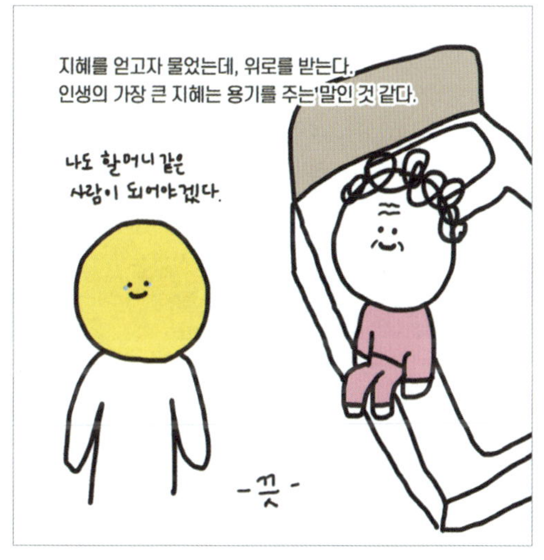
지혜를 얻고자 물었는데, 위로를 받는다.
인생의 가장 큰 지혜는 용기를 주는 말인 것 같다.

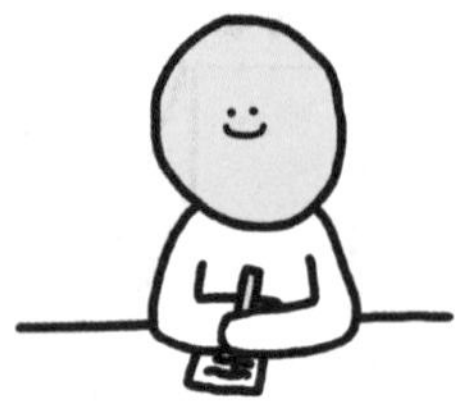

저의 할머니는 거동을 못하셔서
침대 위에서 생활을 하십니다.
그럼에도 늘 긍정적이시고,
감사하는 마음으로 하루 하루를 보내시는 모습에
건강한 몸을 가지고서도 불평불만하는 저는
생각이 많아집니다.

인생을 오래 살아낸 지혜로
예상치 못하게 위로를 주실 때가 많아요.

저도 이렇게 나이 들고 싶다는
생각을 해봅니다.

진짜 힘들 때 힘이 되었던 말

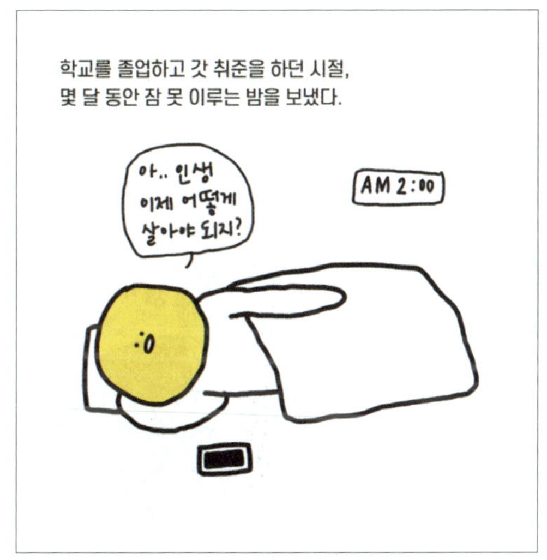

그날도 그렇게 잠자리에서 뒤척이다
핸드폰을 켰다.

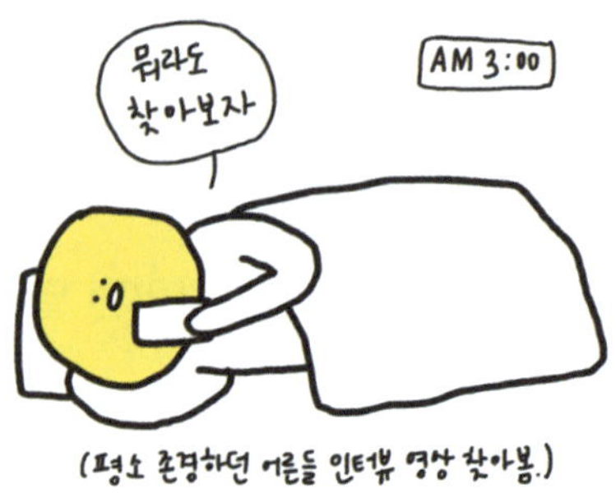

그렇게 한 인터뷰 영상을 보게 되었다.

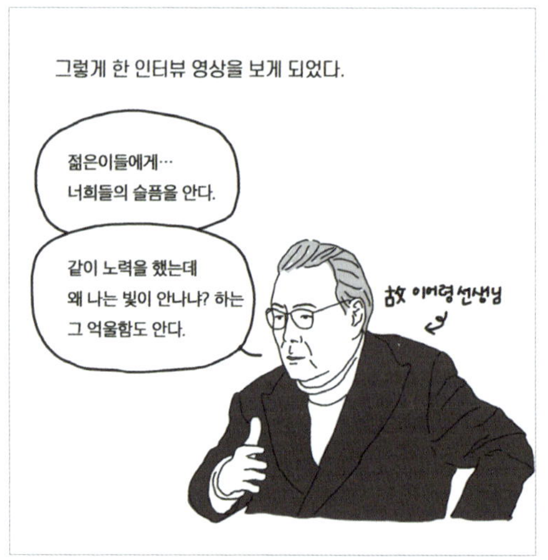

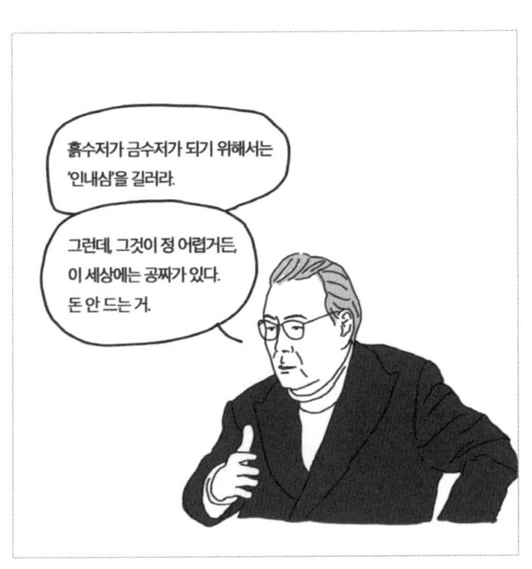

흙수저가 금수저가 되기 위해서는
'인내심'을 길러라.
그런데, 그것이 정 어렵거든,
이 세상에는 공짜가 있다.
돈 안 드는 거.

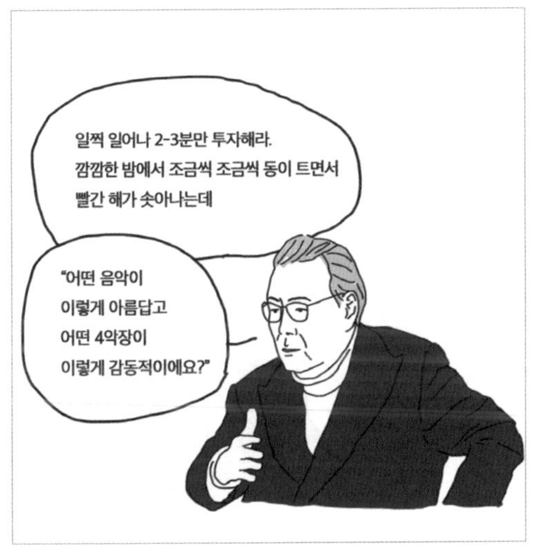

일찍 일어나 2-3분만 투자해라.
깜깜한 밤에서 조금씩 조금씩 동이 트면서
빨간 해가 솟아나는데
"어떤 음악이
이렇게 아름답고
어떤 4악장이
이렇게 감동적이에요?"

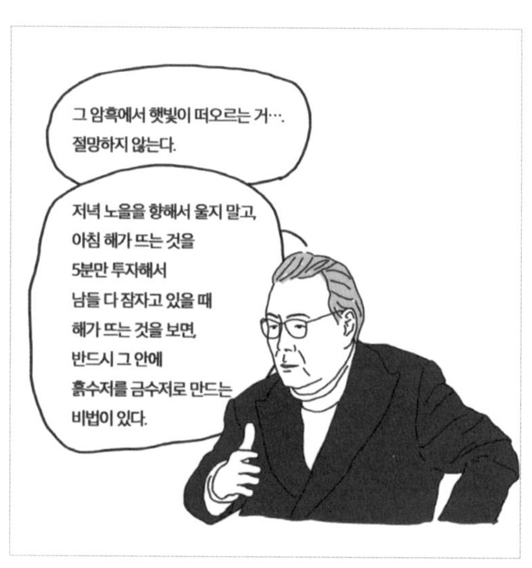

그 암흑에서 햇빛이 떠오르는 거….
절망하지 않는다.

저녁 노을을 향해서 울지 말고,
아침 해가 뜨는 것을
5분만 투자해서
남들 다 잠자고 있을 때
해가 뜨는 것을 보면,
반드시 그 안에
흙수저를 금수저로 만드는
비법이 있다.

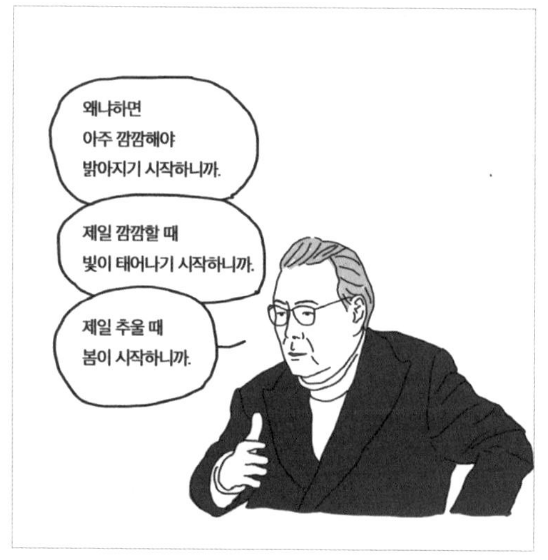

왜냐하면
아주 깜깜해야
밝아지기 시작하니까.

제일 깜깜할 때
빛이 태어나기 시작하니까.

제일 추울 때
봄이 시작하니까.

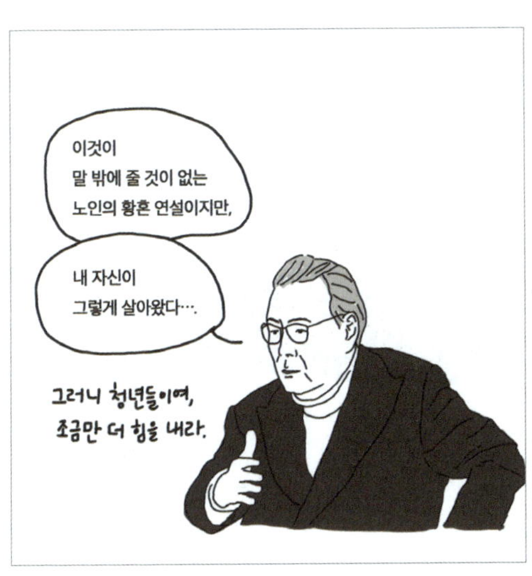

이것이
말 밖에 줄 것이 없는
노인의 황혼 연설이지만,
내 자신이
그렇게 살아왔다….
그러니 청년들이여,
조금만 더 힘을 내라.

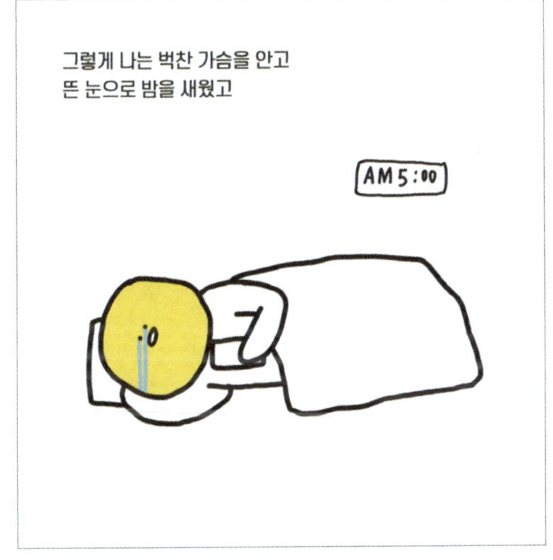

그렇게 나는 벅찬 가슴을 안고
뜬 눈으로 밤을 새웠고
AM 5:00

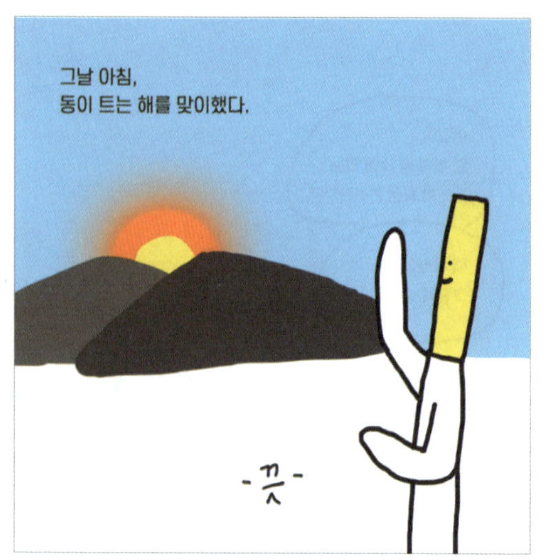
그날 아침,
동이 트는 해를 맞이했다.

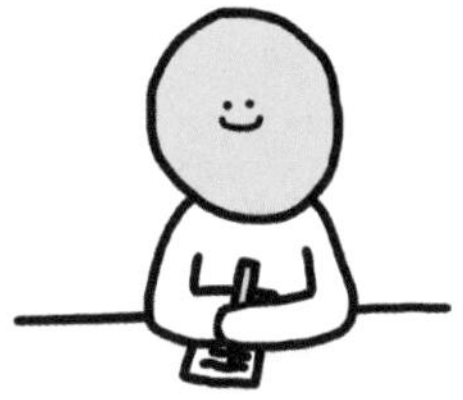

짙은 어두움에도
어김없이 뜨는 태양의 빛줄기를 보면,
내 안에 있던 절망이 물러가는 것을 경험합니다.

오늘은 절망이고 짙은 어두움이어도,
어김없이 뜨는 태양처럼,
내 삶에도 밝은 빛이 비추는 날이 올 거라는
희망이 생기는 것입니다.

제 삶이 많이 힘들 때 위로를 받았던,
고 이어령 선생님의 인터뷰 내용인데요,
이 글을 읽는 누군가에게도
작은 울림과 위로로 다가갔으면 하는 마음에
글과 그림으로 남겨봅니다.

Think Simple!

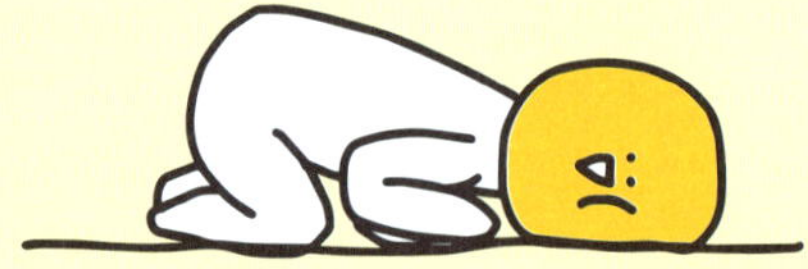

최선을 다하다가 힘들 때

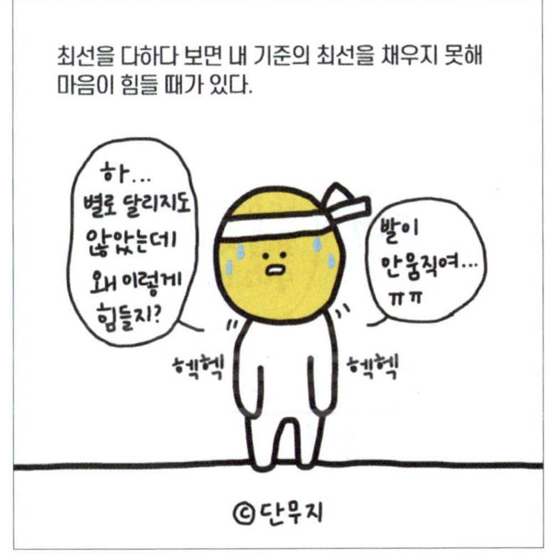

최선을 다하다 보면 내 기준의 최선을 채우지 못해 마음이 힘들 때가 있다.

그렇게 원치 않는 멈춤의 시간을 보내게 되고

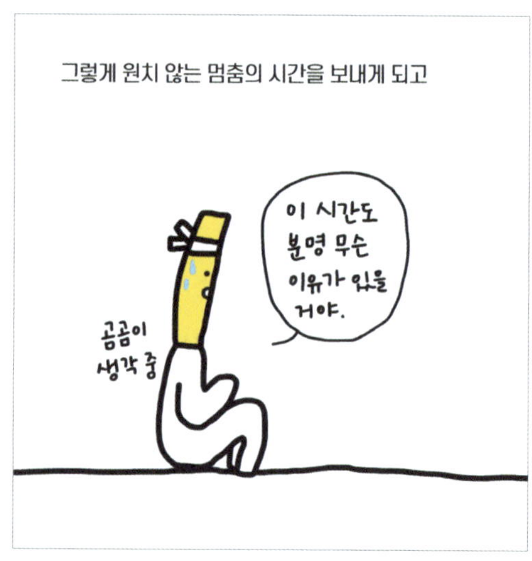

결국은 나의 속도를 찾아야 함을 배운다.

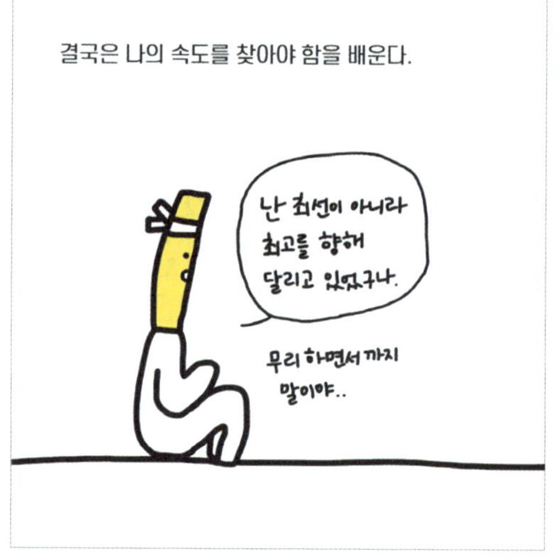

최고의 기준으로 최선이 아니라
나에게 맞는 최선을 다할 때,

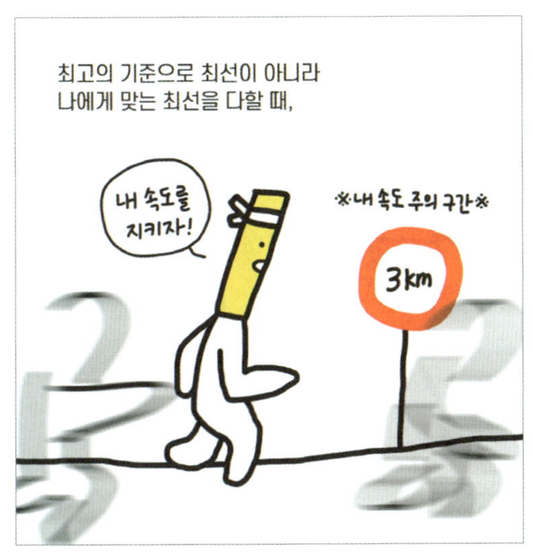

매일의 최선이 쌓여
언젠가는 최고가 되어있을 거라고
믿는다.

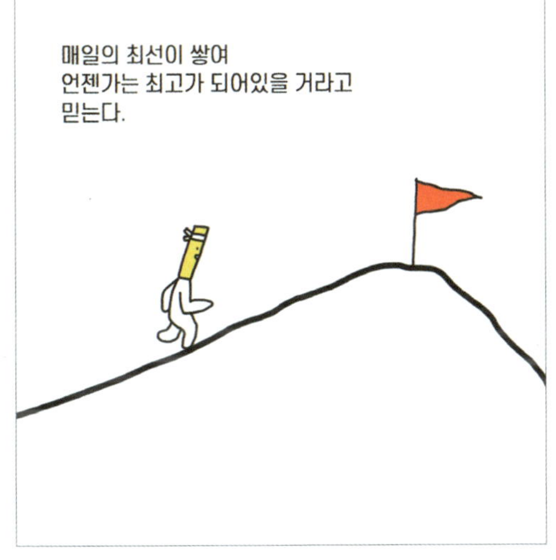

그렇게 내 인생의 레이스를 즐겨보기로 했다.

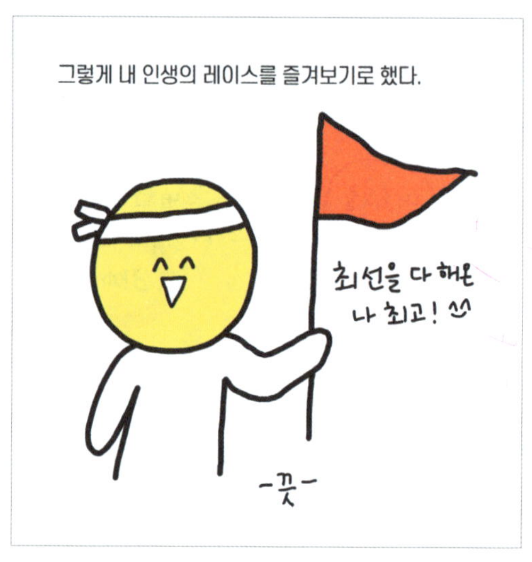

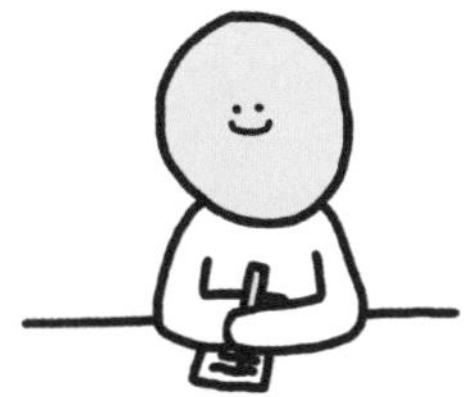

마음은 시속 200km로 달리고 싶은데,
몸과 정신이 안따라줄 때를 만납니다.

결국은 내 속도를 찾아야 되는 것을
배우고 있습니다.
그래야 인생이라는 긴 레이스를
완주할 수 있으니까요.

나의 최선의 속도가
마음에 들지 않더라도
받아들이고,
스스로를 믿어보려구요.

Think Simple!

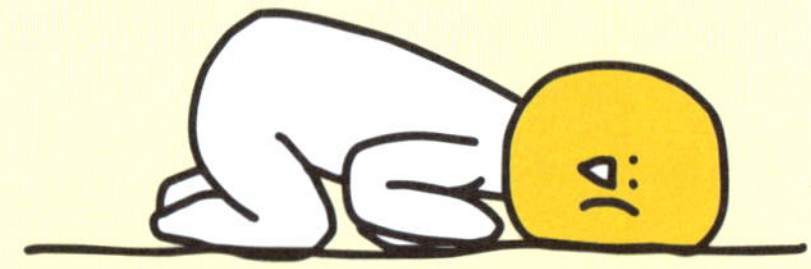

인간관계 현타 올 때

살다 보면 가까웠던 사람이 멀어져야 할 때가 있다.

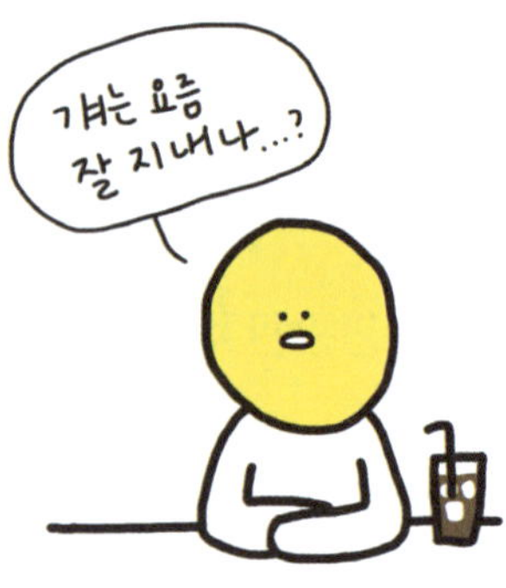

한 때는 공통된 관심사나 집합점으로 가까이 지내다가

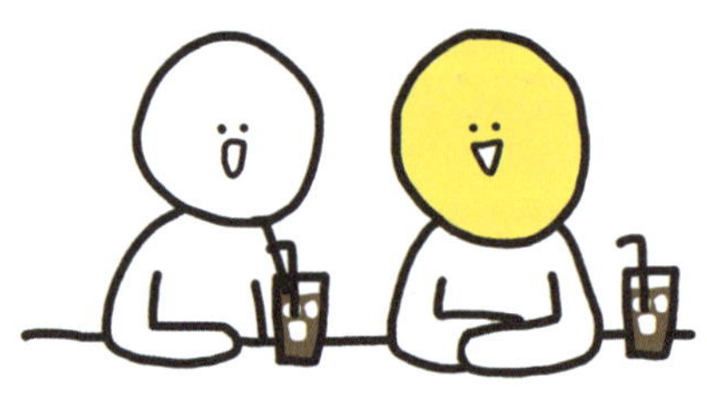

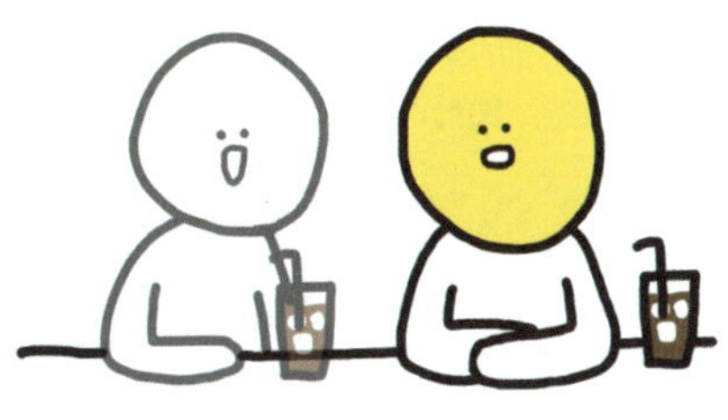

각자 걸어온 길과 환경이 달라지면서
서로에게 안 맞는 사람이 되어버리는 것이다.

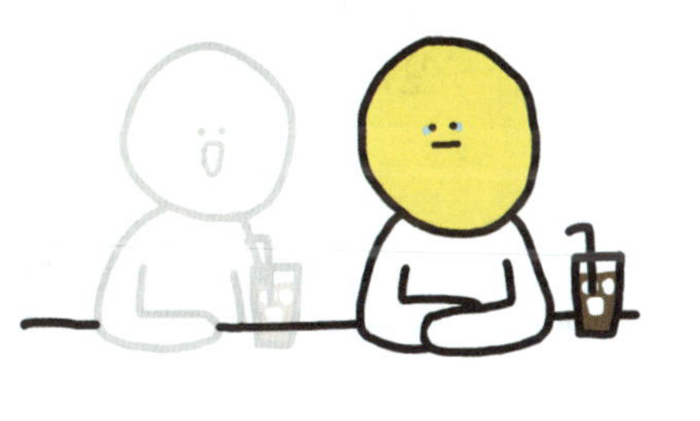

옛 정 때문에 관계에 거리를 두는 것이 마음 아프지만

이제는 나도, 그 사람도 자신만의 결이 생길 만큼
성장했구나 하는 마음으로

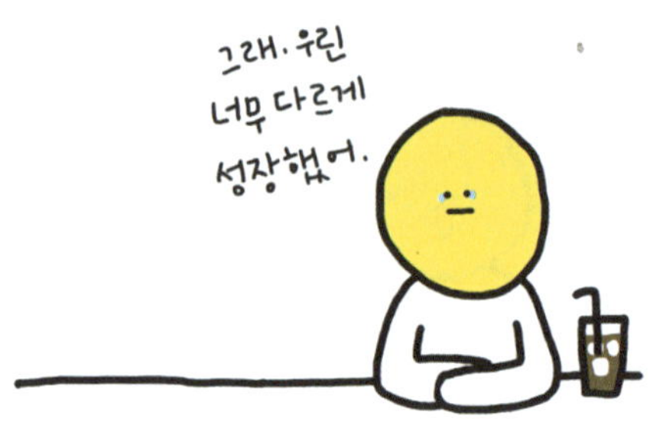

담담하게 보내주기로 했다.
어떠한 죄책감과 혹은 미움도 버리고 말이다.

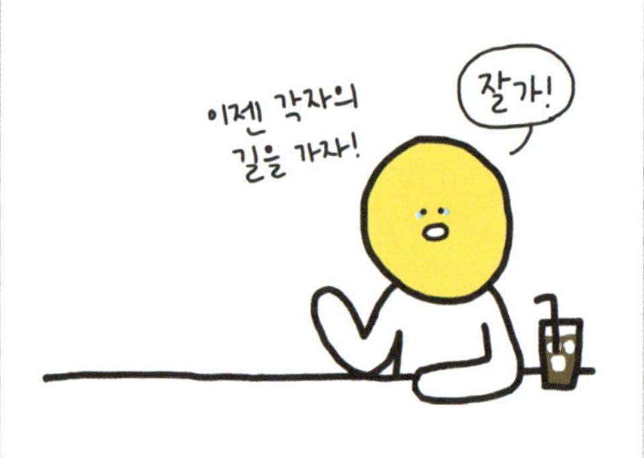

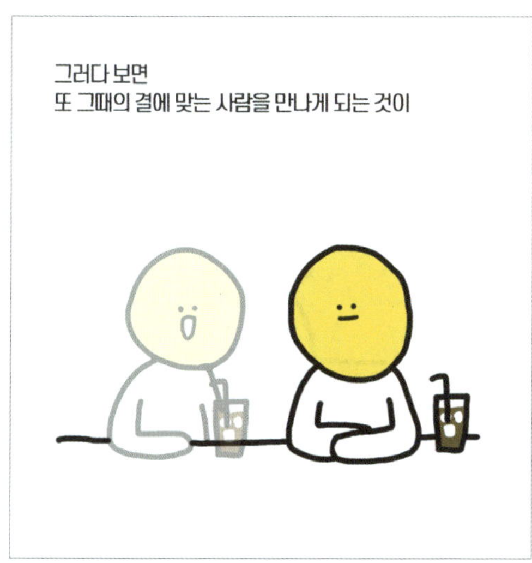

그러다 보면
또 그때의 결에 맞는 사람을 만나게 되는 것이

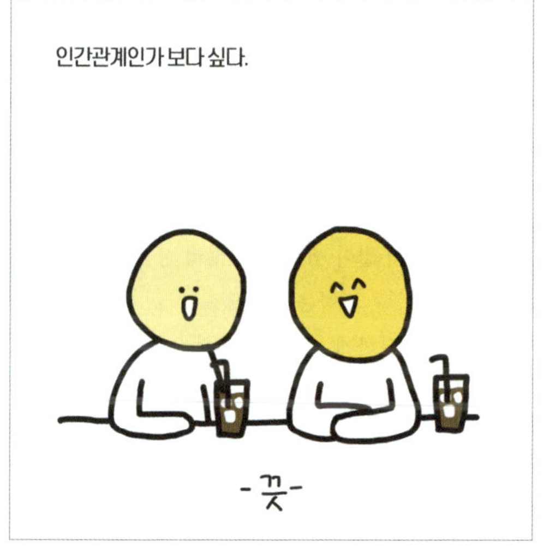

인간관계인가 보다 싶다.

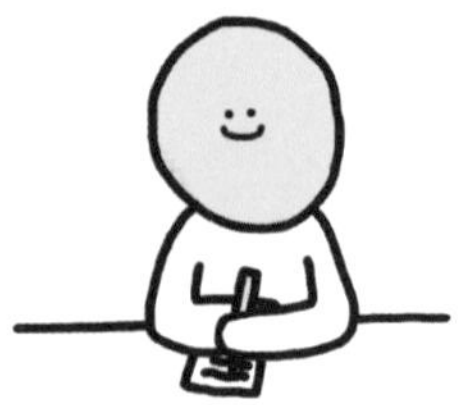

인간관계는 결국
결이 맞아야 오래 함께할 수 있다는 것을
깨닫습니다.

가깝게 오랜 시간을 지내왔던 사람도
환경과 걸어온 길이 달라지면서
서로에게 안 맞는 사람이 되기도 합니다.

당장은 마음이 아프지만
이제는 나도, 그 사람도
자신만의 결이 생길 만큼 많이 성장했구나
하는 마음으로
담담하게 보내주기로 했습니다.

인생을 왜 살아야 하나 하는 생각이 들 때

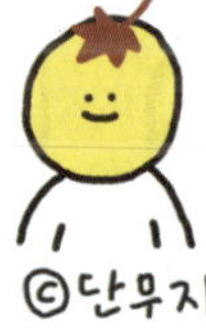

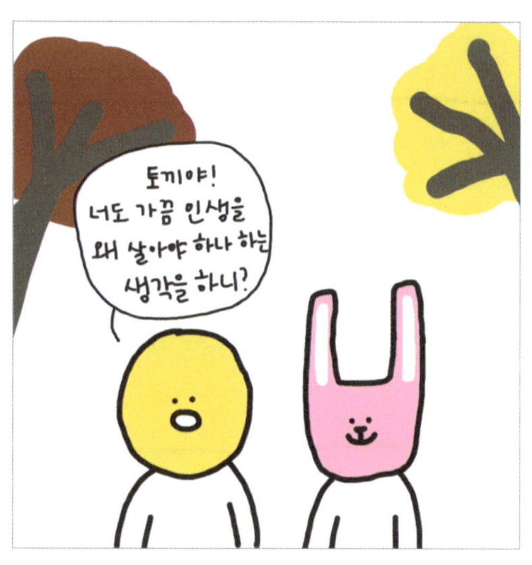
토끼야!
너도 가끔 인생을
왜 살아야 하나 하는
생각을 하니?

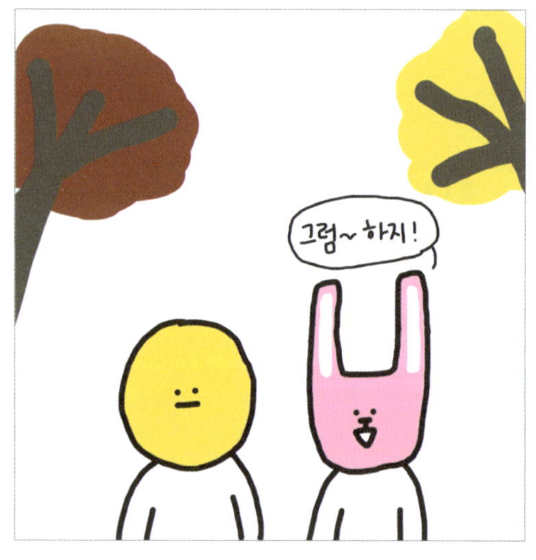
그럼~ 하지!

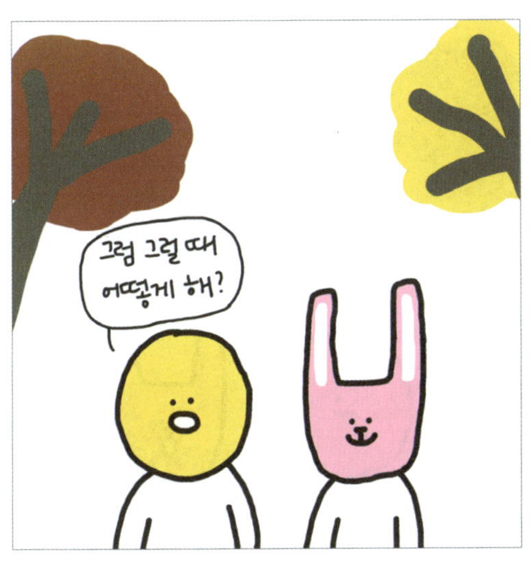
그럼 그럴 때
어떻게 해?

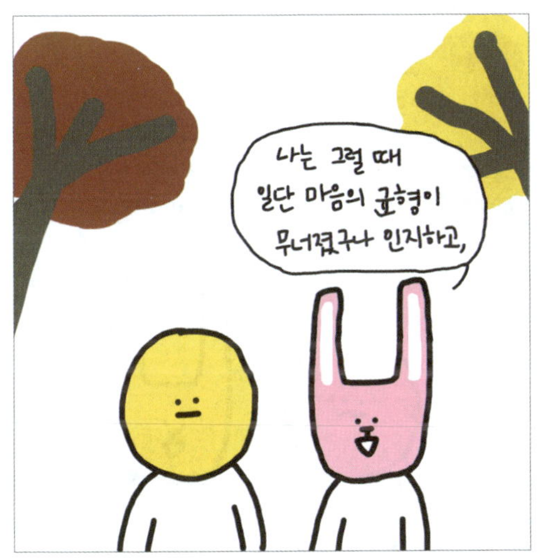
나는 그럴 때
일단 마음의 균형이
무너졌구나 인지하고,

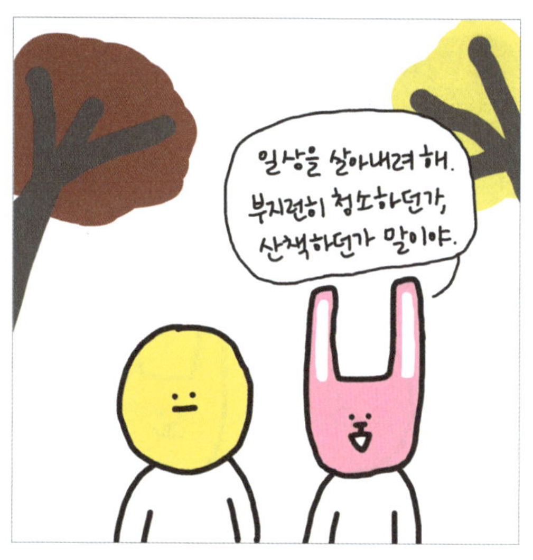

일상을 살아내려 해.
부지런히 청소하던가,
산책하던가 말이야.

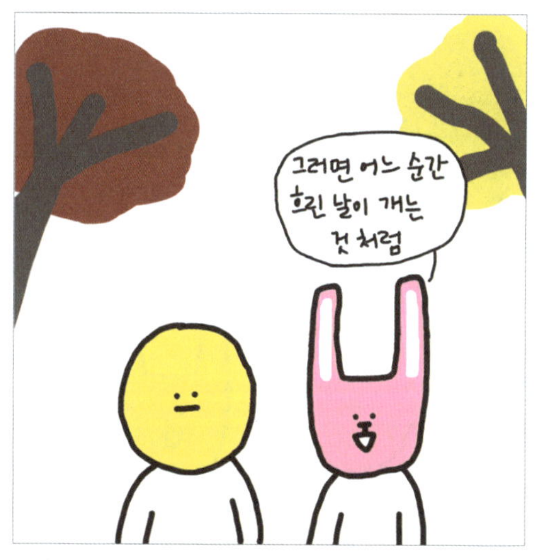

그러면 어느 순간
흐린 날이 개는
것 처럼

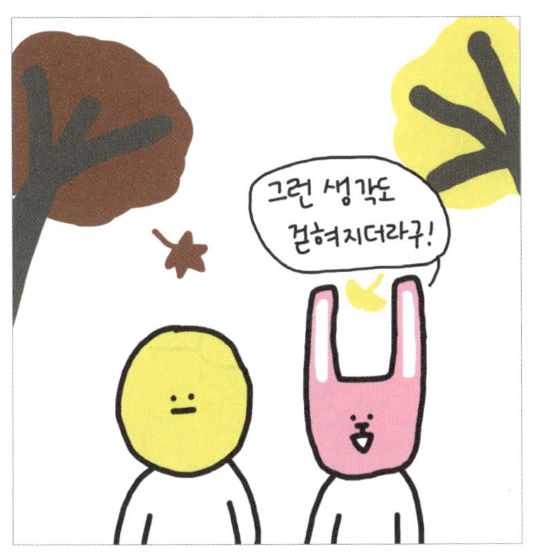
그런 생각도
걷혀지더라구!

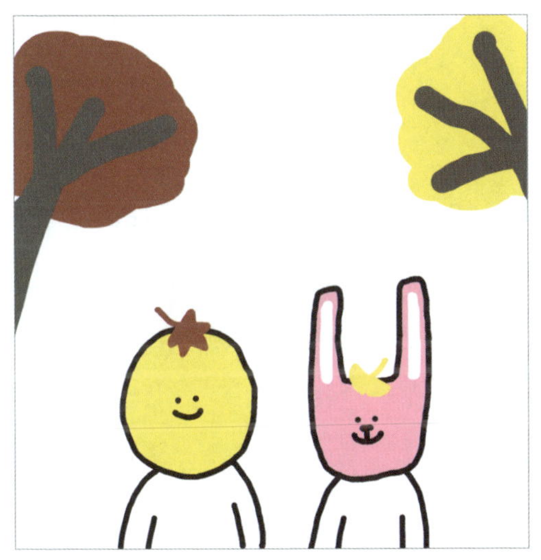

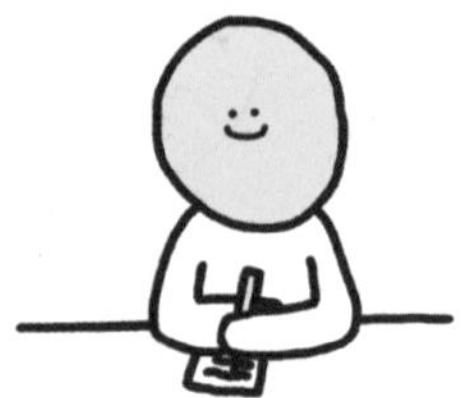

누구나 한 번 쯤은
그런 생각이 든 적이 있을 거에요.
인생을 왜 살아야 하나 하는 생각이요.

그렇다고
삶이 무너질 필요 없어요.

일상을 다시 살아내다 보면
언젠간 또 걷혀있는
먹구름 같은 생각이었다는 것을
깨닫게 되거든요.

나는 나를 어떻게 생각하는가

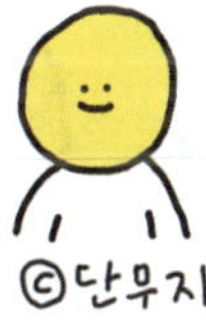

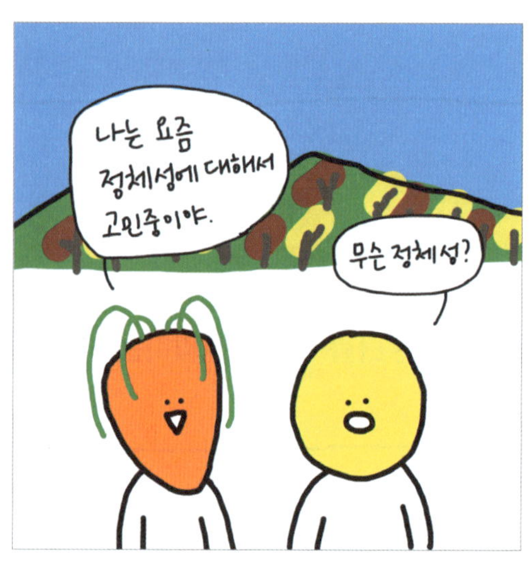

나는 요즘 정체성에 대해서 고민중이야.
무슨 정체성?

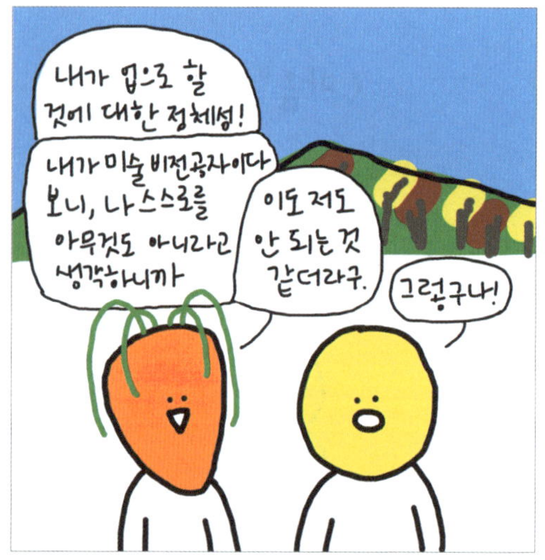

내가 업으로 할 것에 대한 정체성!
내가 미술 비전공자이다 보니, 나 스스로를 아무것도 아니라고 생각하니까
이도 저도 안 되는 것 같더라구.
그렇구나!

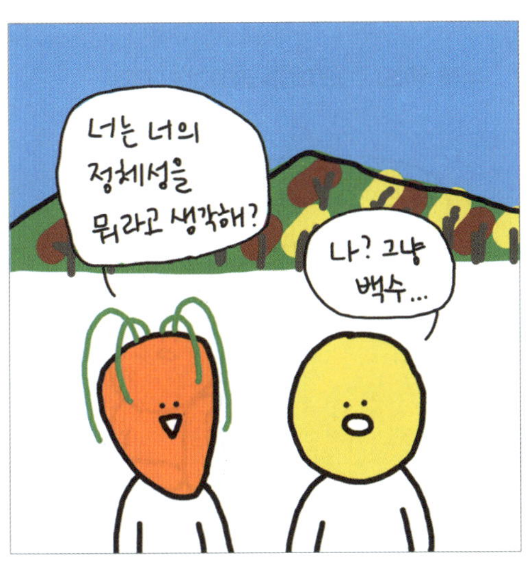

너는 너의 정체성을 뭐라고 생각해?
나? 그냥 백수...

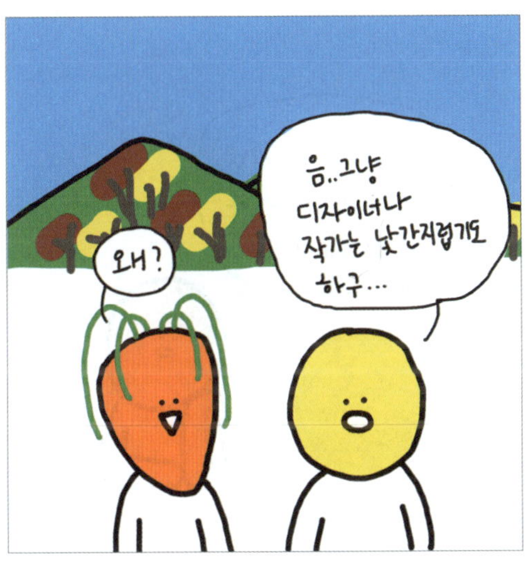

음..그냥 디자이너나 작가는 낯간지럽기도 하구...
왜?

집에 돌아오니, 나의 대답을 곱씹어보게 되었다.

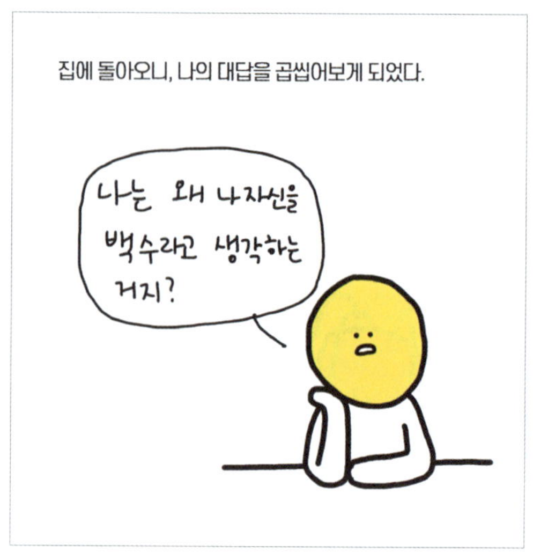
나는 왜 나자신을 백수라고 생각하는 거지?

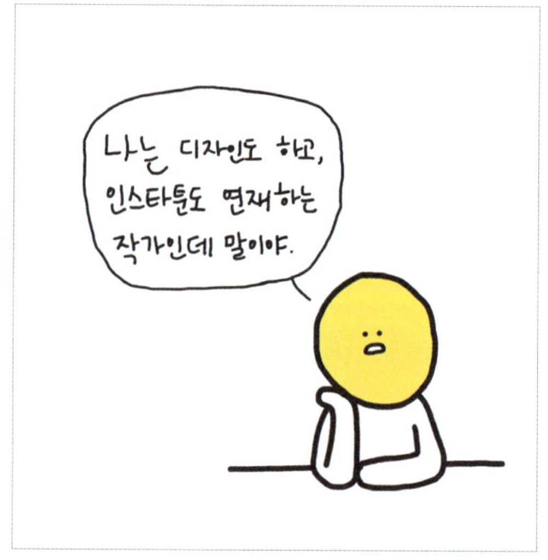
나는 디자인도 하고, 인스타툰도 연재하는 작가인데 말이야.

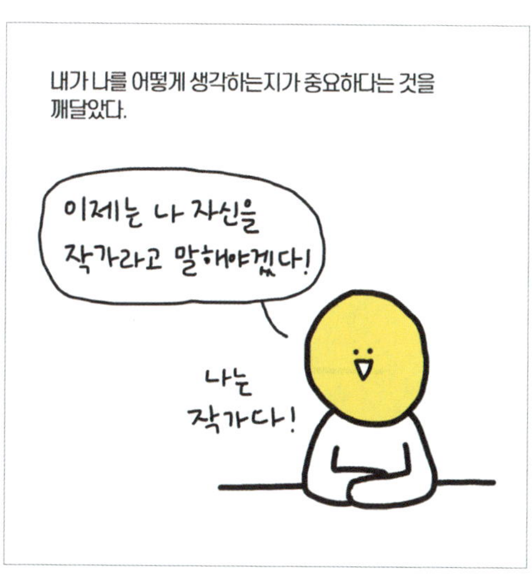

내가 나를 어떻게 생각하는지가 중요하다는 것을
깨달았다.

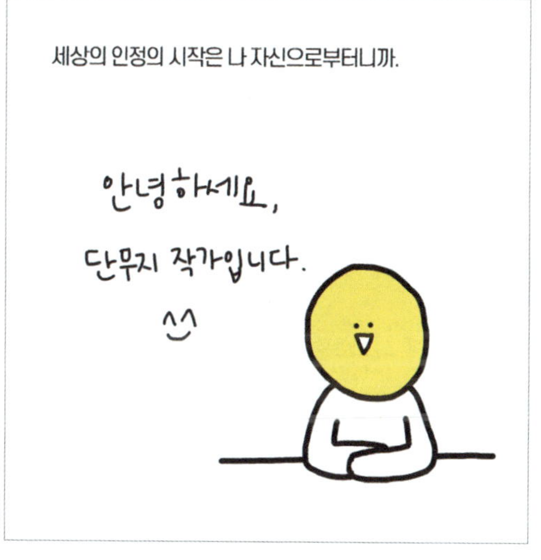

세상의 인정의 시작은 나 자신으로부터니까.

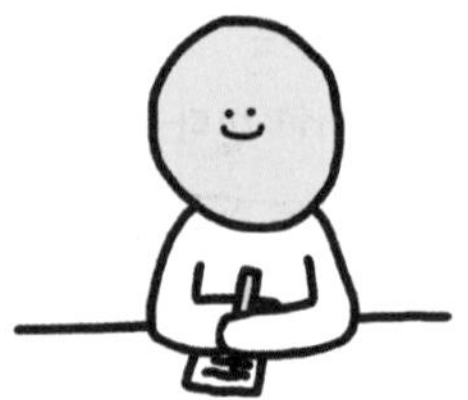

하루는 당근과 대화하는데
업에 대한 정체성에 대해
당근이 물었습니다.

스스로를 백수라 생각한다고 대답하고
하루종일 그 대답이 머릿속을 맴돌더군요.

그리고 그 대화를 곱씹던 중,
세상이 무어라 인정해주기 전에
내가 먼저 나 자신을 인정해주어야 한다는 것을
깨닫게 되었어요.

저는 이제 스스로를 작가라 부르기로 했습니다 :)

Episode
15

물 공포증으로 깨닫게 된 것

허리 건강을 위해 수영을 시작했는데
예상치 못한 벽을 만났다.

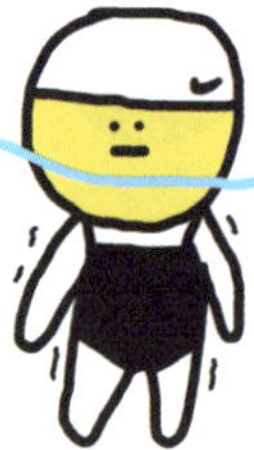

물 공포증이 발현되면 잘 움직이던 몸도 둔해지고,
편하게 쉬던 숨이 차기 시작한다.

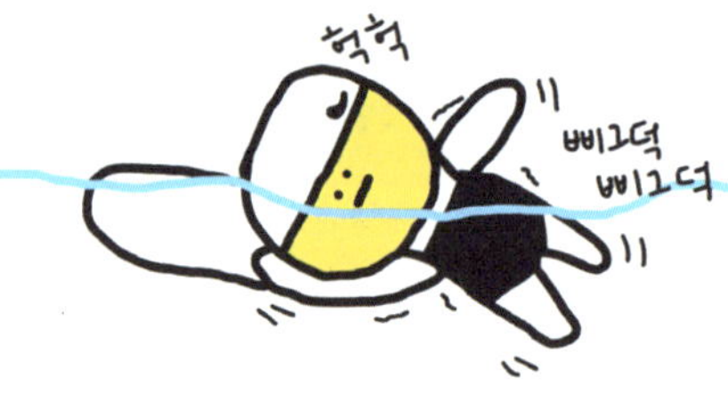

두려울 수록 몸에 힘이 들어가고,
힘이 들어갈수록 근육이 굳고,
숨이 가빠지며 몸이 가라앉는 것이다.

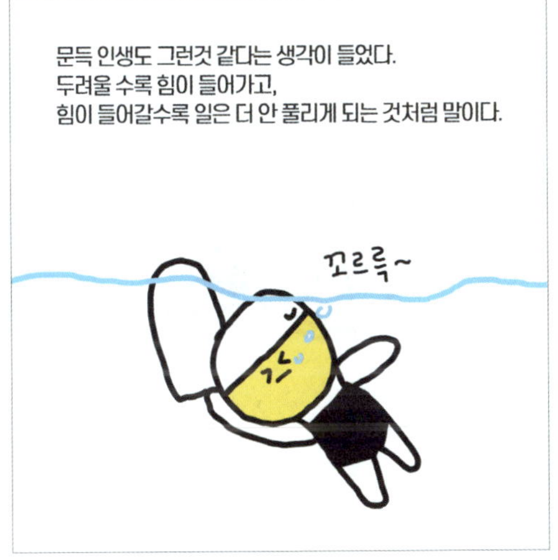

문득 인생도 그런것 같다는 생각이 들었다.
두려울 수록 힘이 들어가고,
힘이 들어갈수록 일은 더 안 풀리게 되는 것처럼 말이다.

결국은 많이 부딪혀야 두려움도 사라진다고 하니

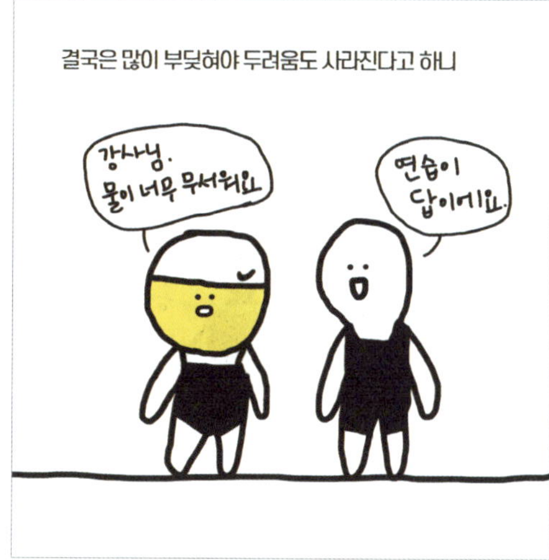
강사님.
물이 너무 무서워요
연습이
답이에요.

눈 딱 감고 100번만 부딪혀보려 한다.
그러다 보면 어느새 힘을 빼고
편안해지는 날이 올 것이라 기대하며 말이다.

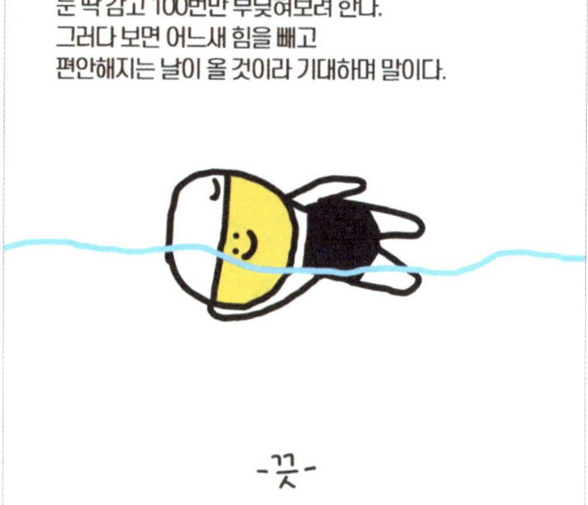
-끗-

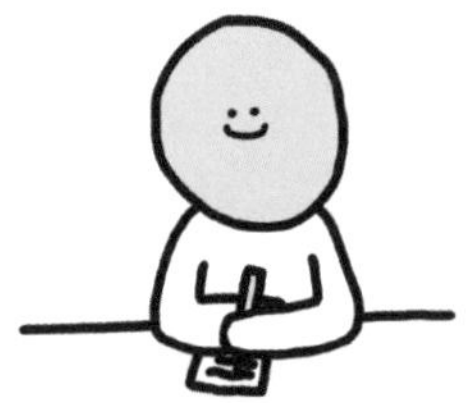

수영을 하다가
예상치 못하게 만난 물 공포증 때문에
하루에도 수 번 수영을 그만둬야하나
하는 고민을 했습니다.

수영은 인사이트가
참 많은 운동이라는 생각이 들어요.
그래서 눈 딱 감고
100번만 수영장에 나가보자 생각했어요.

뭐든지 처음에는 힘이 많이 들어가고,
긴장하고 하지만
익숙해지면 편안해 지는 거겠죠?

Think Simple!

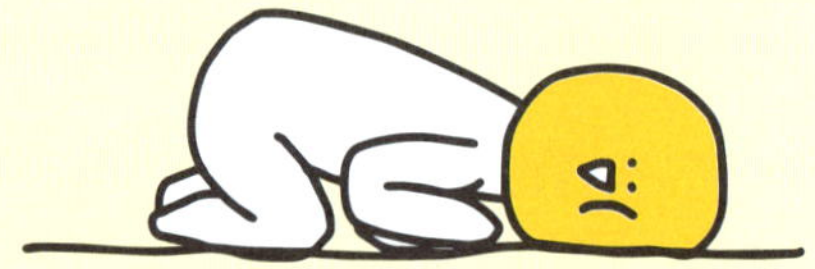

나만 힘든 것 같을 때

인생을 살다 보면 삶이 힘들다는 생각이 들 때가 있다.

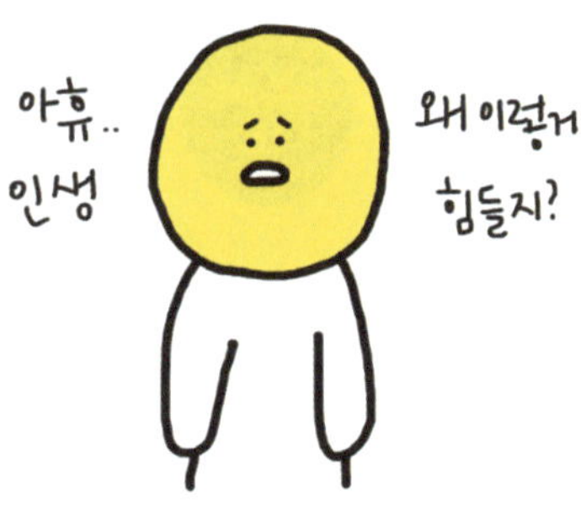

그럴 때 주변을 둘러보면
나 빼고 모두는 잘살아내고 있는 것만 같아 보인다.

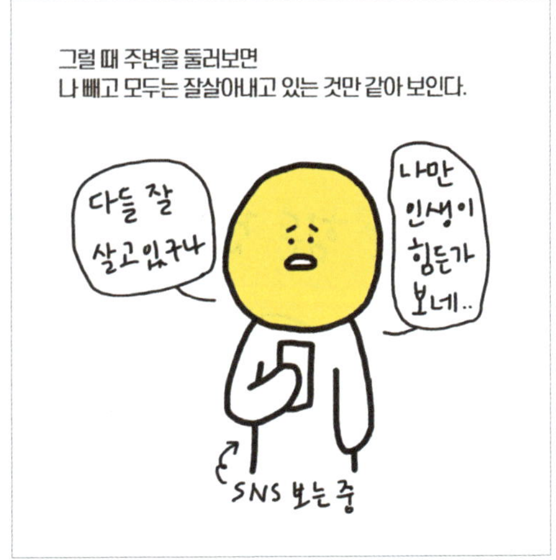

하지만 조금만 들여다보면,
내 생각과는 다른 것을 발견하게 된다.

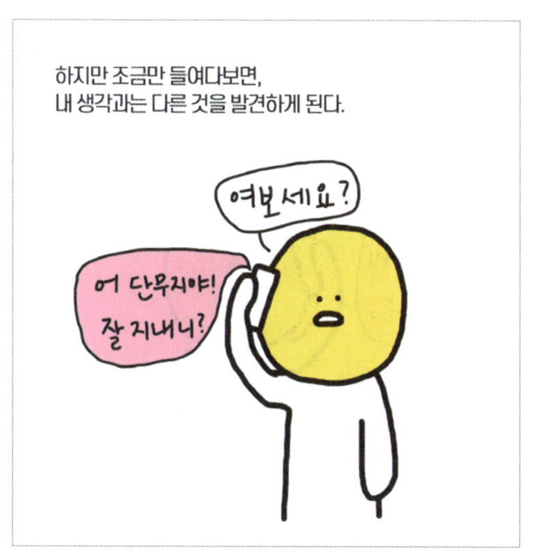

모두 저마다의 힘듦이 있다는 것을.

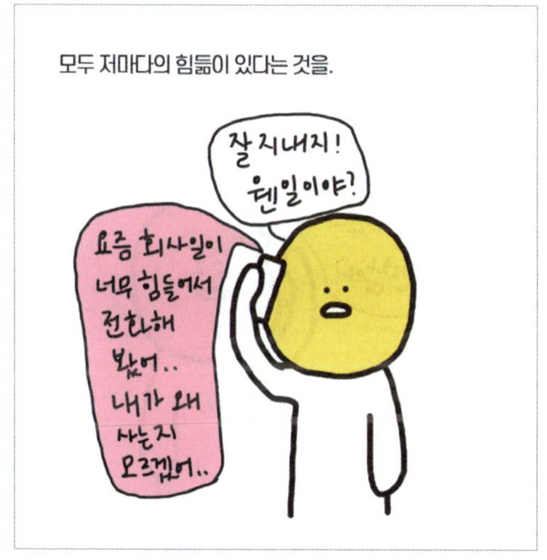

모두 저 마다의 고민과 고충이 있다는 것을 말이다.

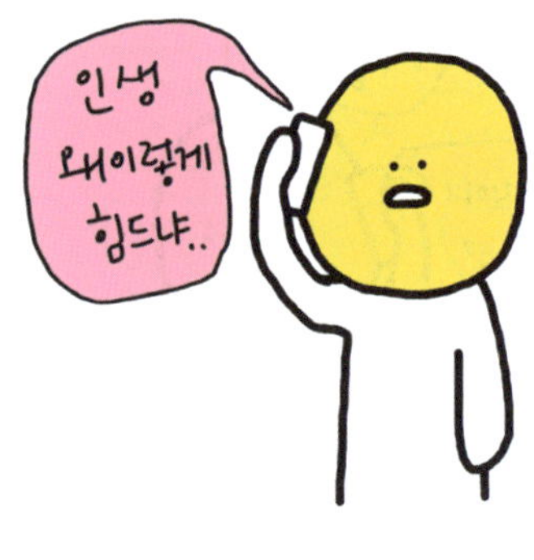

고독한 힘듦에서 벗어나
너도 나만큼 힘들었구나 하며 서로를 다독여본다.

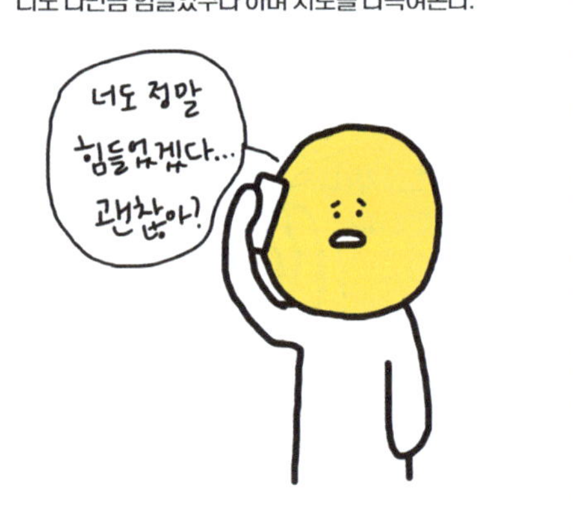

그래서 인생은 혼자가 아닌가 보다.
서로의 삶의 모습이 많이 닮아있기 때문이다.

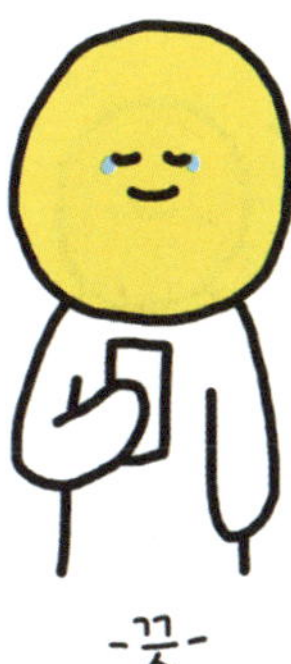

-끗-

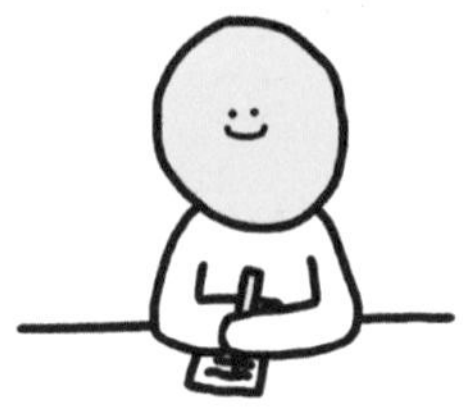

나만 힘든 것 같을 때,
나 빼고는 모두가
인생을 잘 살아가는 것 같아 보일 때.

조금만 주의 깊게 돌아보면
모두 저마다의 힘듦이 있다는 것을
알게 됩니다.

너도 나만큼 힘들었구나 하며
서로를 다독여봅니다.

그래서 인생은 혼자가 아닌가 봅니다.
서로의 모습이 많이
닮아 있기 때문입니다.

완벽주의에 대한 생각

〈 마음일기 〉

완벽주의에 대한 생각

ⓒ단무지

나는 모든 것에 완벽한 결과를 기대한다.

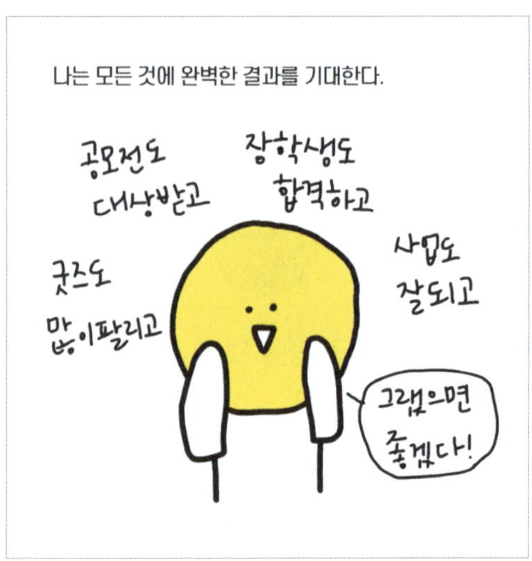

하지만 완벽을 바랄수록 깨닫게 되는 것은
이 세상엔 완벽한 것은 존재하지 않는다는 것이다.

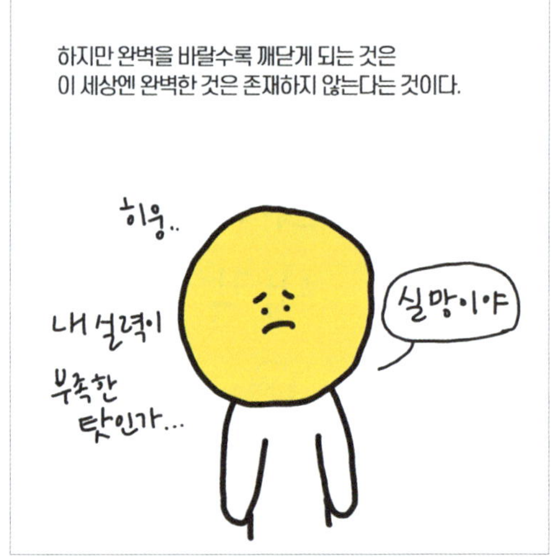

하루는 완벽주의와 관련해서
써니 언니와 얘기를 나눈 적이 있다.

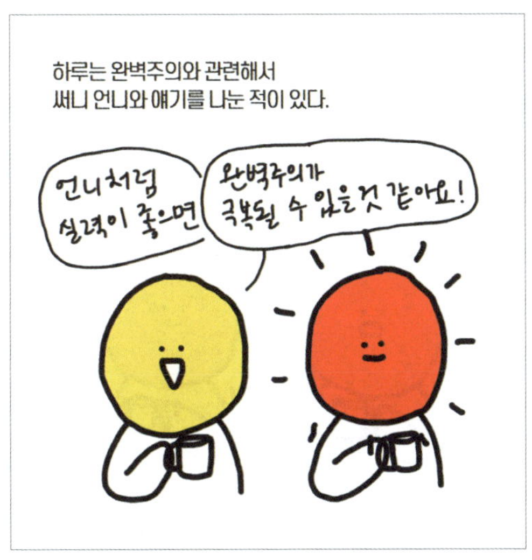

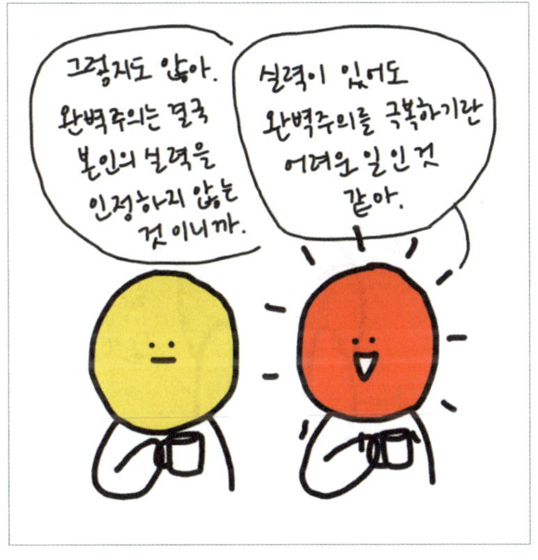

완벽한 결과 이전에, 나는 나 자신을
얼마나 인정해주고 있는가 하는 질문이 들었다.

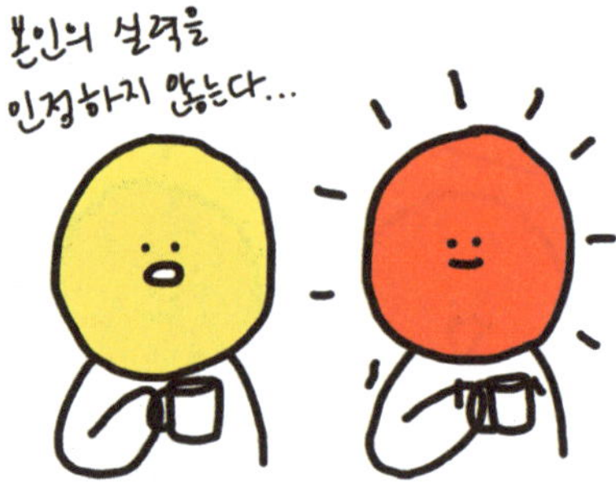

조금은 부족해도, 내가 가진 것을 스스로 인정해주기
시작할 때 그 실력은 빛이 나기 시작하는 것 아닐까.

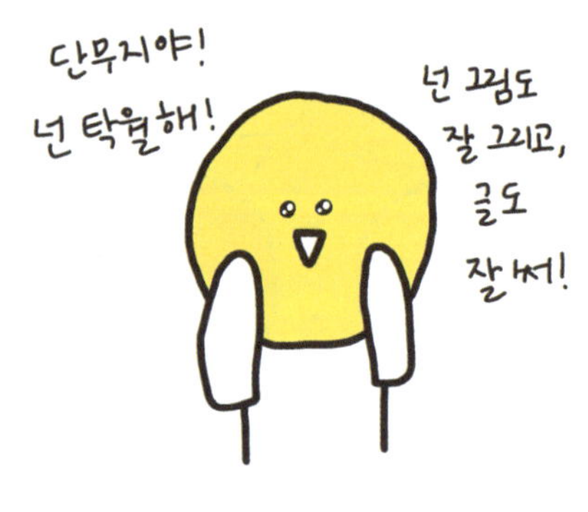

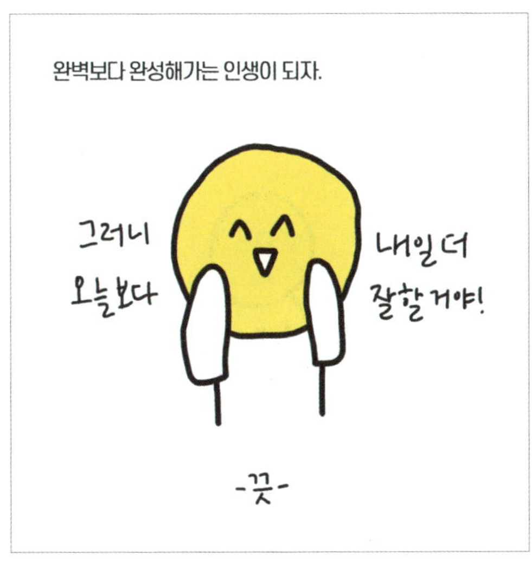
그러니
오늘보다
내일 더
잘할 거야!
-끗-

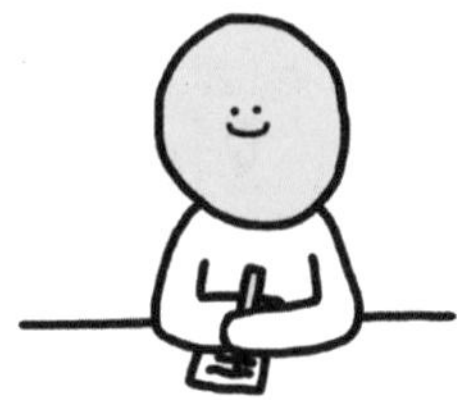

저는 모든 것에 완벽한 결과를 기대하는
완벽주의가 있습니다.

하지만 이 세상은 완벽한 것 보다
완벽하지 않은 것이 더 많다는 것을,
아니 완벽한 것이 사실 존재하는가
하는 생각을 하게 됩니다.

조금은 부족해도,
내가 가진 것을 스스로 인정해주기 시작할 때,
완벽하진 않더라도
완성해가는 인생을 살 수 있지 않을까요.

나답게 존재했는가

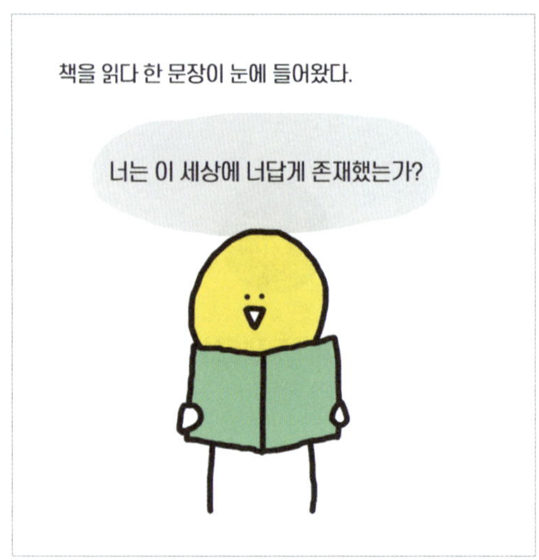

책을 읽다 한 문장이 눈에 들어왔다.

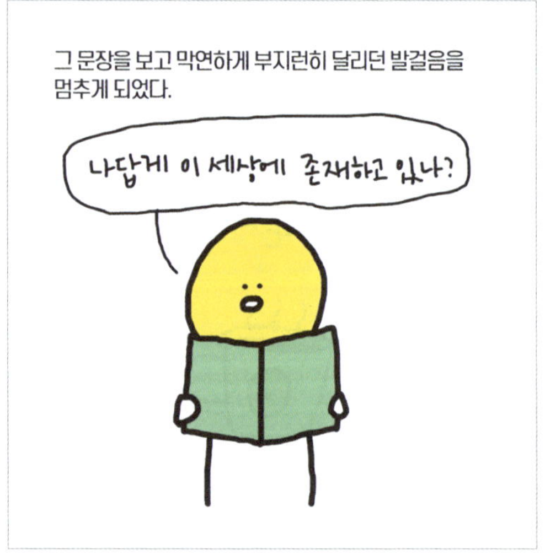

그 문장을 보고 막연하게 부지런히 달리던 발걸음을 멈추게 되었다.

내가 주체가 되어 살아낸 것만이 마지막에 남는다는
어떤 이의 말 처럼

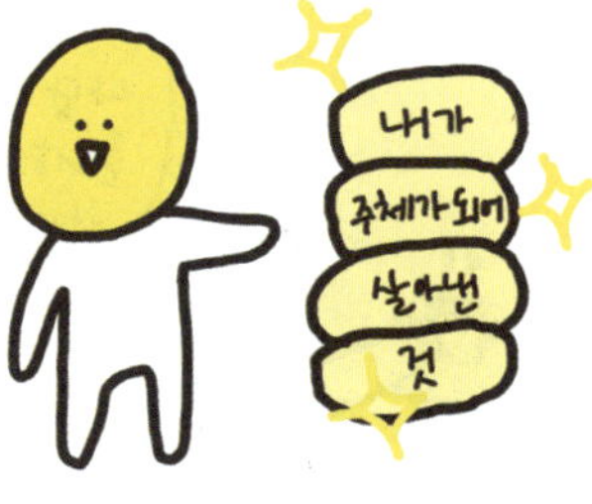

나는 인생의 마지막에 가지고 갈 기억이 있는 삶을
살고 있는가.

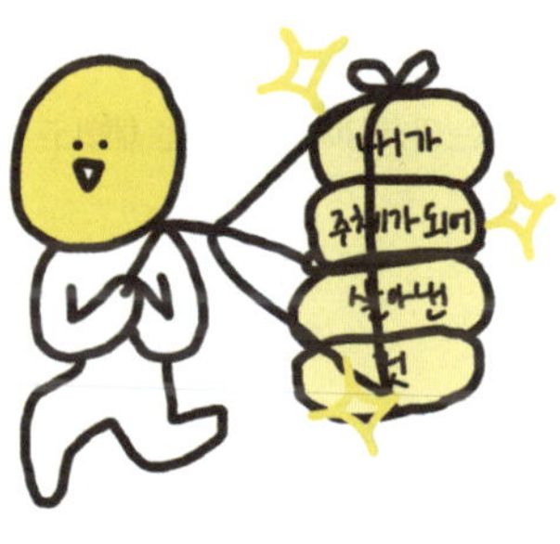

오늘은 바쁘게 움직이던 손을 잠시 내려놓고
이 질문을 생각해봐야겠다.

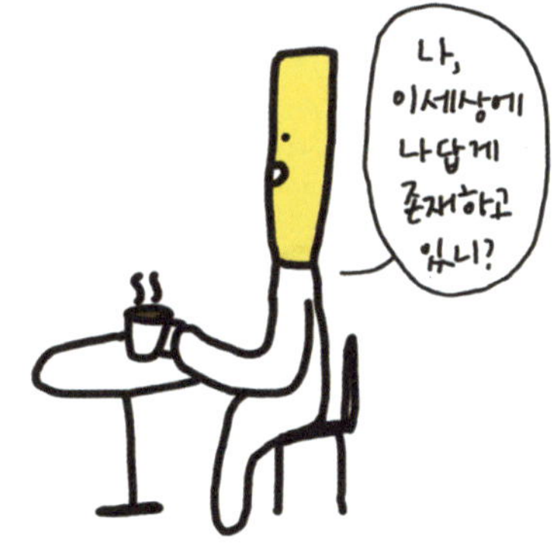

너는 이 세상에서 너답게 존재했니?

-끗-

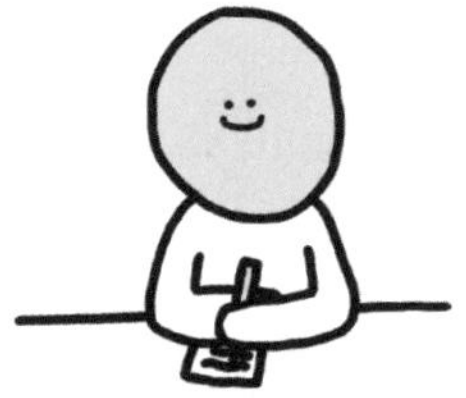

인생의 마지막에 가져갈 수 있는 것은
내가 주체가 되어 살아낸 삶 뿐이라는
어떤 이의 말이 있습니다.

결국 인생에서 나는
과연 나 답게 존재했는가
하는 질문만이 남습니다.

오늘은 바쁜 삶을 뒤로 제치고,
커피 한 잔의 여유를 가지며
나에게 질문하는 시간을 가져봅니다.

나는 과연 나답게 이 세상에 존재했는가?

Think Simple!

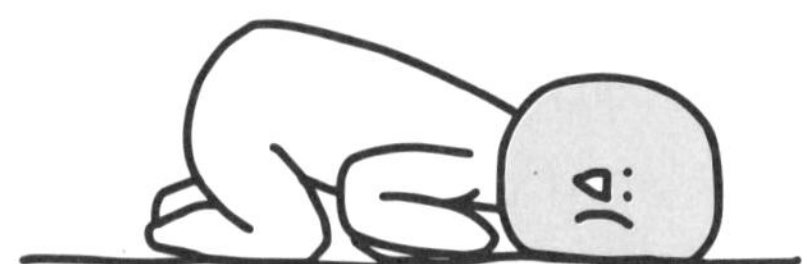

두려움을 마주하는 것, 용기

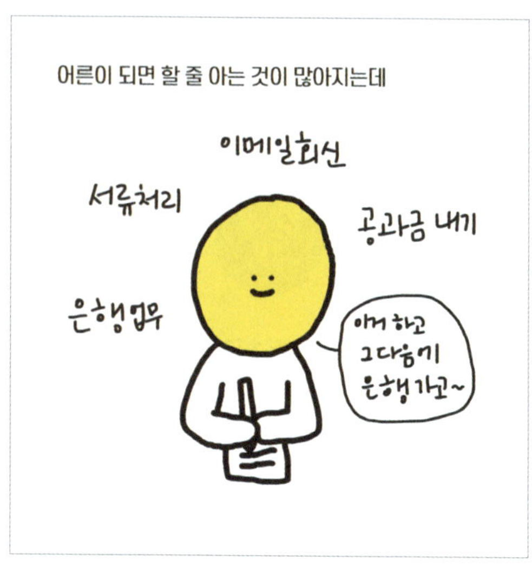

어른이 되면 할 줄 아는 것이 많아지는데

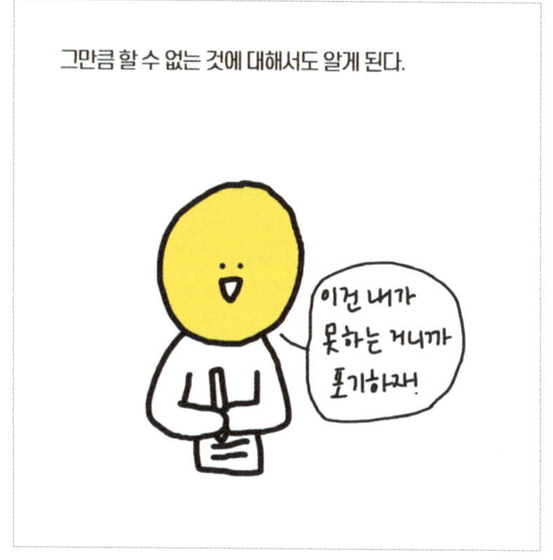

그만큼 할 수 없는 것에 대해서도 알게 된다.

내가 할 수 없는 것들을 알게 되는 만큼 두려움도 생긴다.

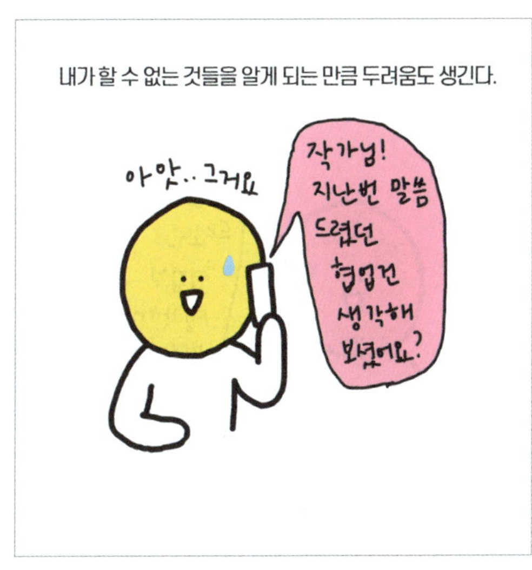

어릴때는 아무것도 몰라서 '용감'했다면,

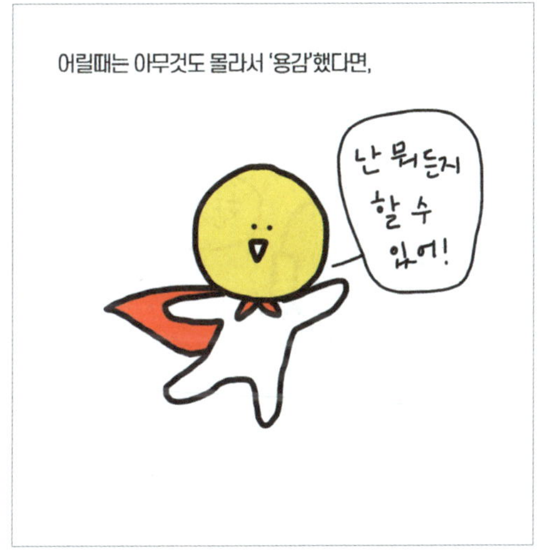

어른이 되고서야 정말로 필요한 것이 '용기'이다.

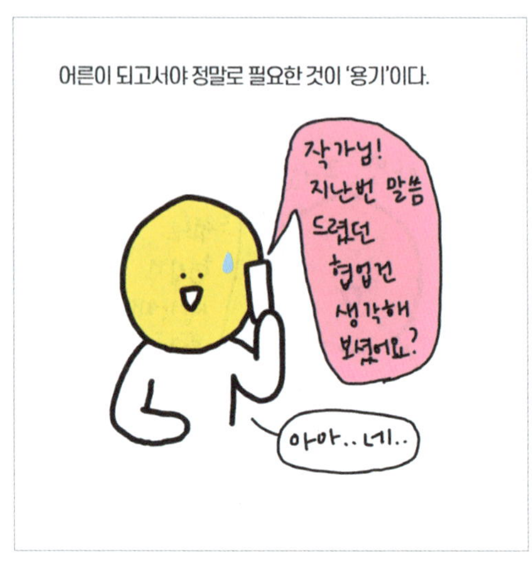

두려움에도 불구하고 마주하는 것.

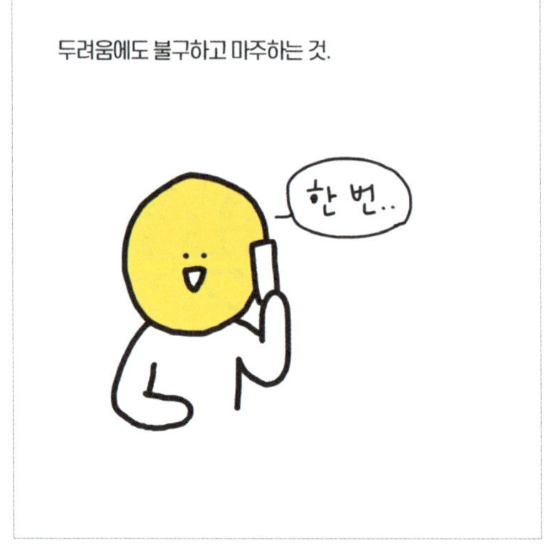

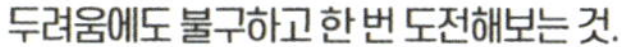

두려움에도 불구하고 한 번 도전해보는 것.

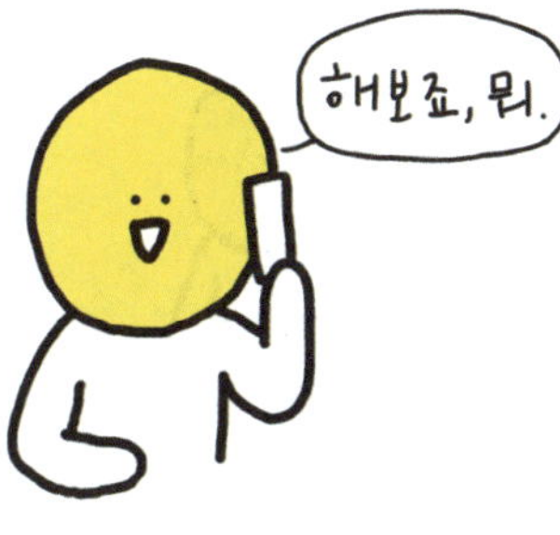

나는 용감한 어린이에서 이제는
용기있는 어른이 되고 싶다.

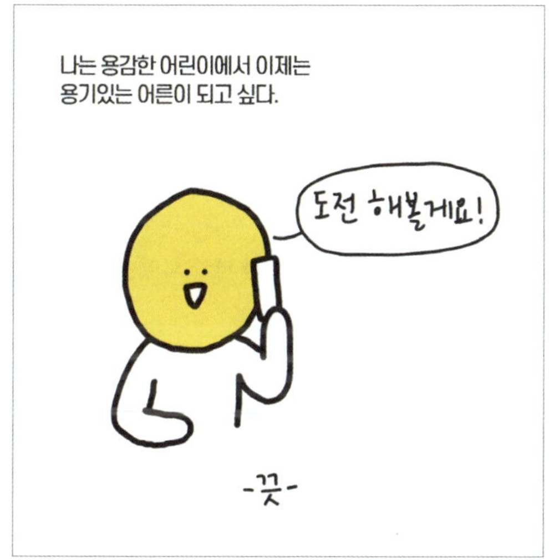

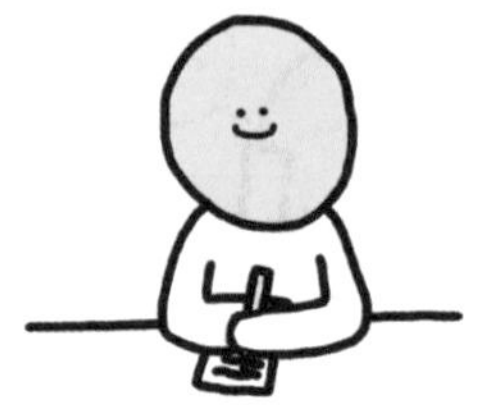

저는 어릴때는 아무것도 몰라서
'용감'하게 뭐든지
내가 하겠다고 나섰습니다.

어른이 되고 나서는
할 줄 아는 게 많아지는 만큼,
할 수 없는 것 또한 알게 되면서
두려움이 많이 생기더군요.

이제는 '용감'한 마음 보다
'용기'있는 마음이 필요한 때가 되었습니다.

두려움에도 마주하는 것.
용기 있는 어른이 되어보려 합니다.

chap.2

그럼에도 불구하고

Think Simple
<u>___________</u>

우울에 대처하는 나의 자세

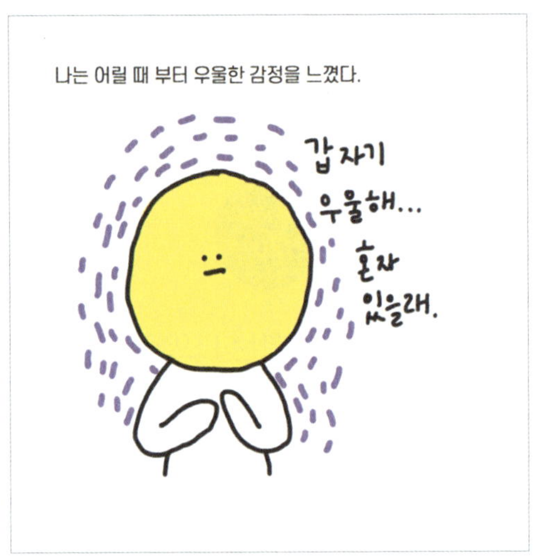

나는 어릴 때 부터 우울한 감정을 느꼈다.
갑자기
우울해...
혼자
있을래.

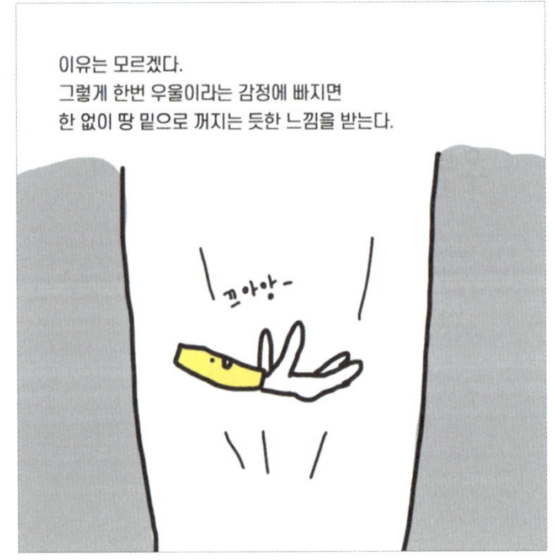

이유는 모르겠다.
그렇게 한번 우울이라는 감정에 빠지면
한 없이 땅 밑으로 꺼지는 듯한 느낌을 받는다.
끄아앙-

그러다 하루는 우울할 때마다 그 이유를 적어보았다.

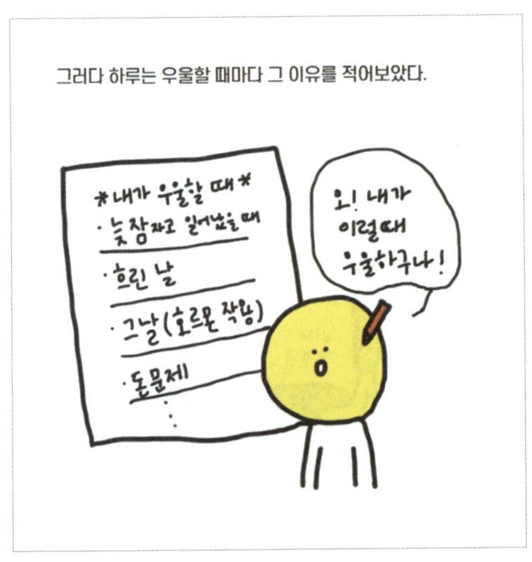

그리고 같은 상황이 반복되었을 때
생각하지 않고 할 수 있는 시스템을 만들었다.

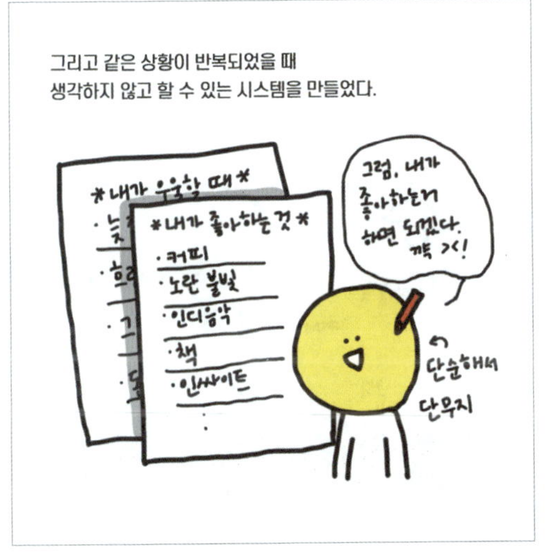

우울한 감정이 찾아올 때마다 내가 좋아하는 것들을
하다보니, 더이상 우울한 이유를 찾지 않게 되었다.

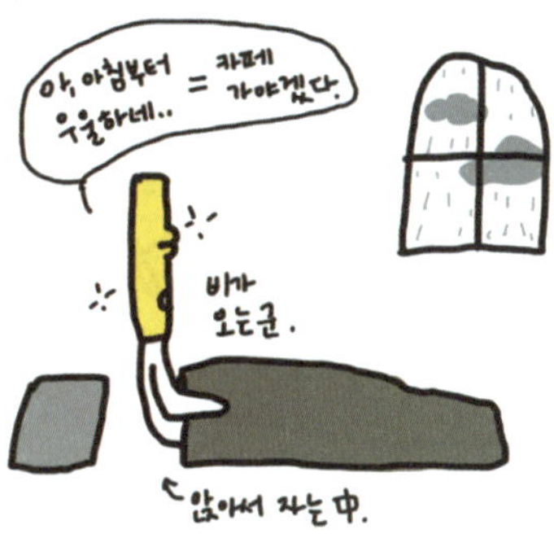

우울한 감정은 자연스러운 것이고,
그 이유를 아는 것이 중요한 문제가 아니라는 것을
알게 되었다.

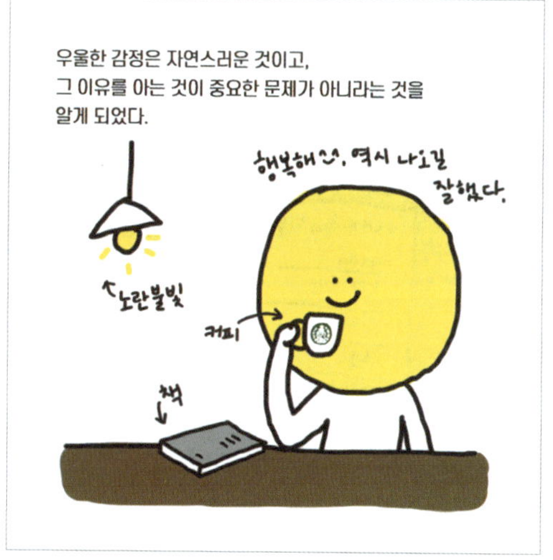

그래서 나는, 오늘도 카페를 간다.

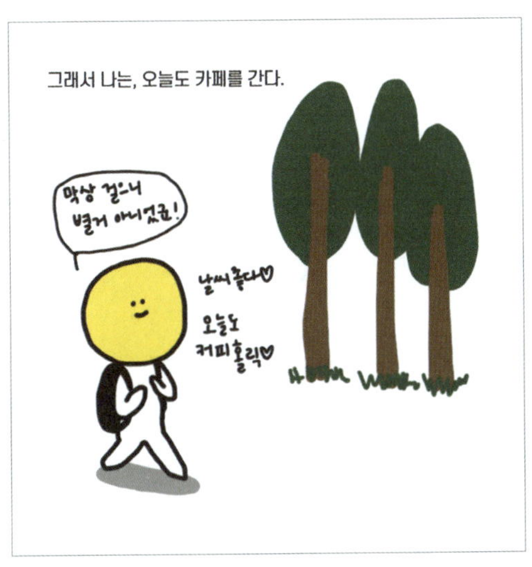

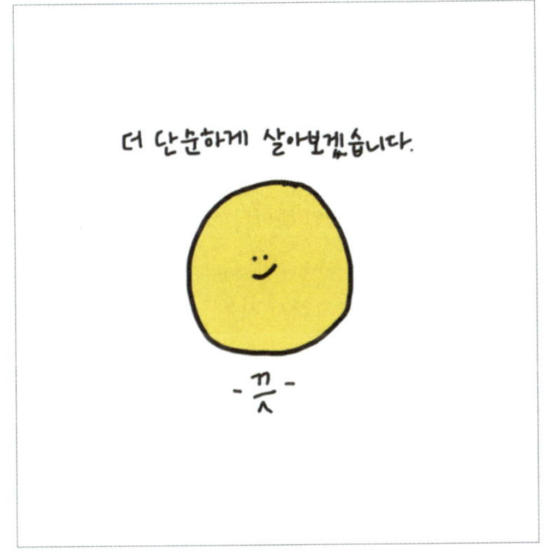

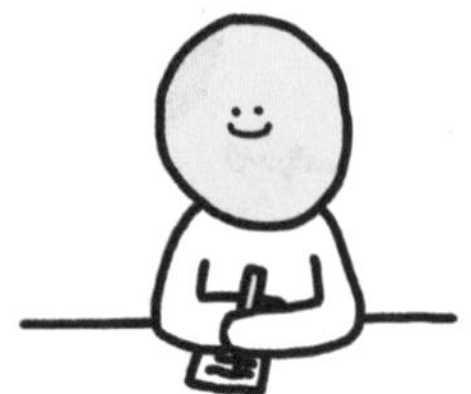

우울한 감정이
찾아올 때마다
이제는 그 이유를 찾지 않고
내가 좋아하는 것을
하기로 했습니다.

우울한 감정은
자연스러운 것이고,
잠시 머물다 지나가는
감정일 뿐이니까요.

그래서 저는
오늘도 카페에 갑니다.

Episode

21

마음의 에너지가 없을 때

나는 염려가 많은 편이다.

좀 예민한 성격이고, 신중한 편이고,
사람 만날 때 에너지 소모가 많은 편이어서
스트레스가 많은 것이라 여겼다.

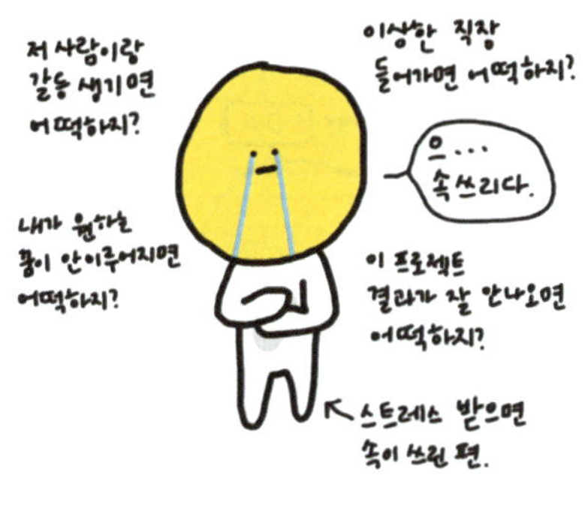

하지만 그것은 정확한 '염려'였다.
앞일에 대하여 여러 가지로 마음을 써서 걱정하는 것.

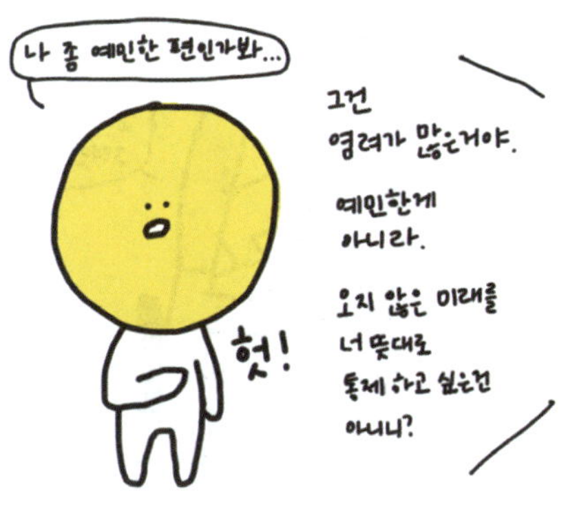

단순하고 무한한 지혜가 있는 단무지가 되기 위해서는
오늘도 단순한 결단이 필요했다.

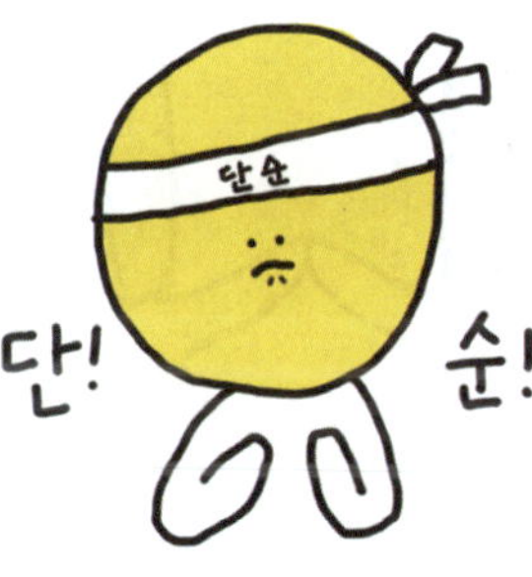

일단 부딪혀서 고민할 것.
그 전에는 섣부른 판단도, 예측도 금할 것.

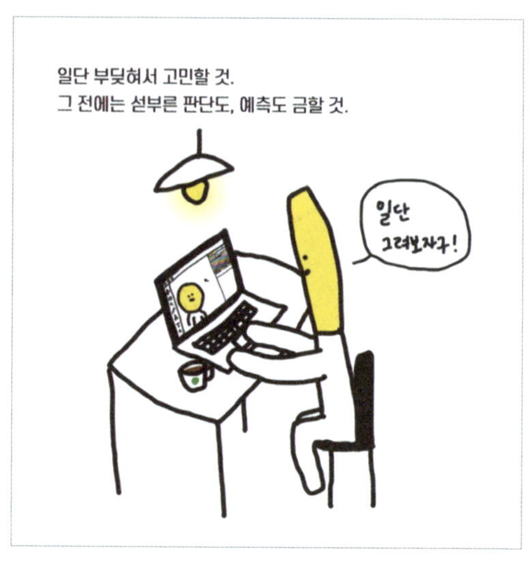

오늘의 일기는 그렇게 살지 못하는 나에게
그렇게 살기를 다짐하는 글이다.

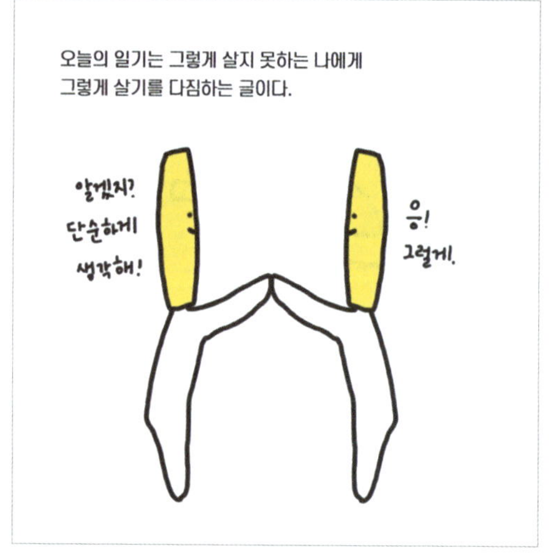

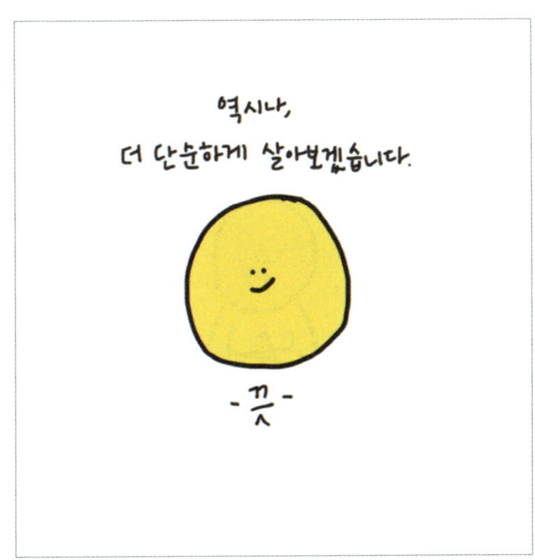

역시나,
더 단순하게 살아보겠습니다.
- 끗 -

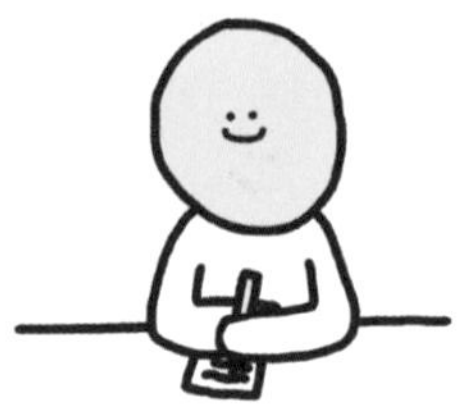

'염려'의 사전적 정의가
'앞일에 대하여 여러 가지로
마음을 써서 걱정함. 또는 그런 걱정.'
이더라고요.

그저 예민한 편이어서
스트레스가 많은 걸로 생각했는데,
염려가 많은 상태였다는 것을
깨닫게 되었습니다.

오지 않은 미래를
통제하려는 마음을 내려놓고,
일단은 부딪혀보는
단순한 지혜를 가져보려고 합니다.

너, 움츠러들면 끝나는 거야

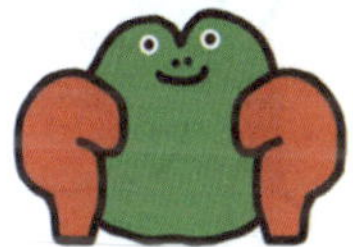

하루는 내가 너무 보잘것없이 느껴졌다.

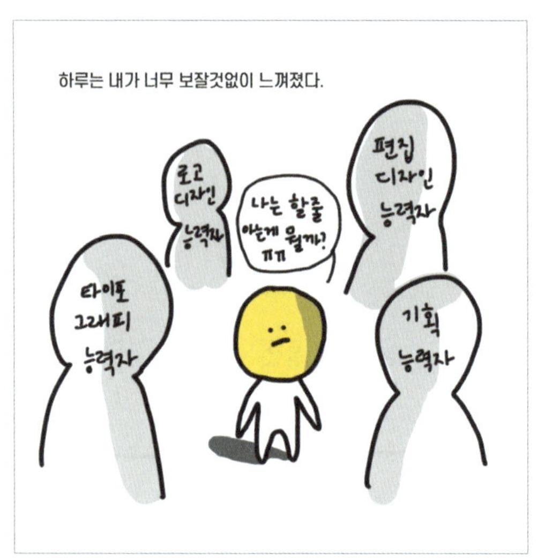

마침 연락이 온 개구리에게 하소연했다.

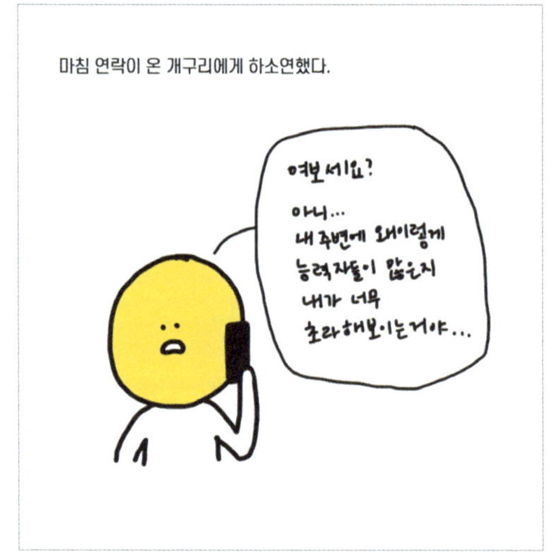

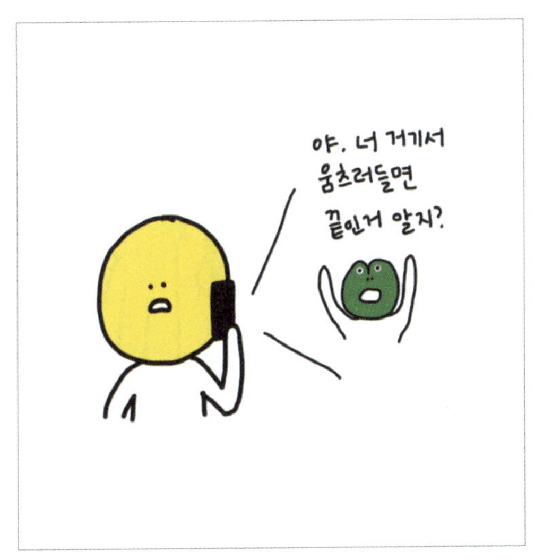

한참 복싱을 다녔던 개구리는 나에게 복싱 이야기를 해주었다.

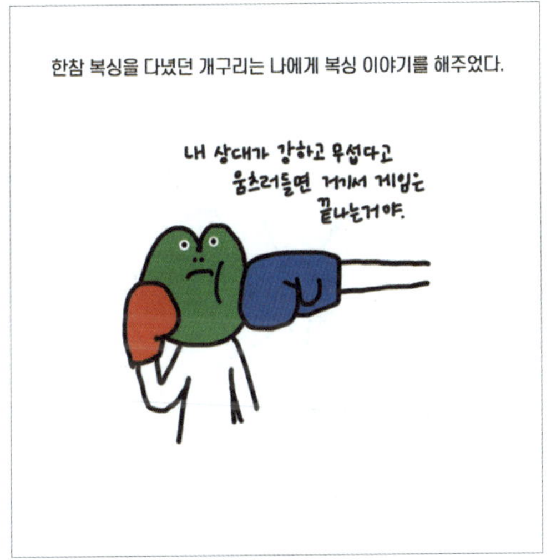

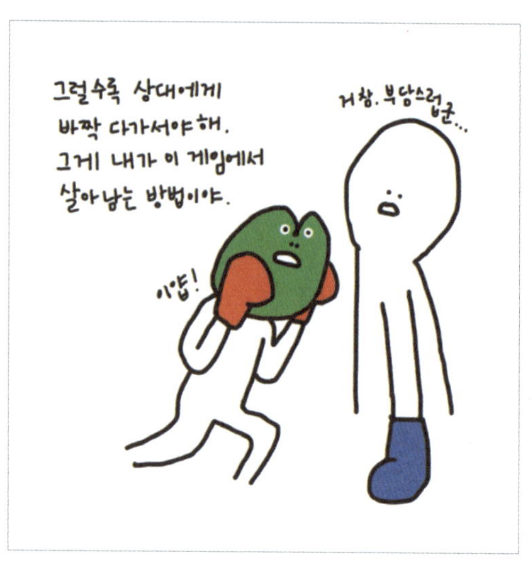

그럴수록 상대에게 바짝 다가서야해. 그게 내가 이 게임에서 살아남는 방법이야.
거참. 부당스럽군...
이얍!

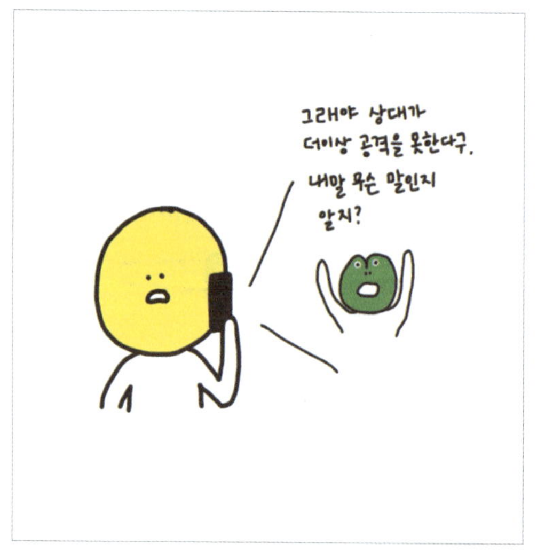

그래야 상대가 더이상 공격을 못한다구. 내말 무슨 말인지 알지?

나에게는 그 상대가 디자이너로서 탁월해지는 과정에서
겪어야 하는 어려움인 것 같았다.

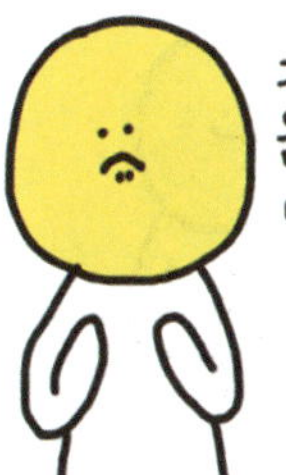

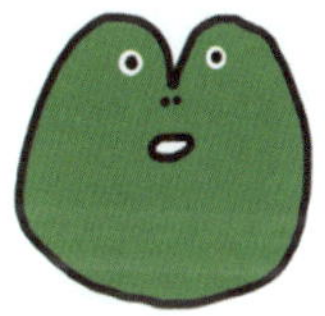

-끗-

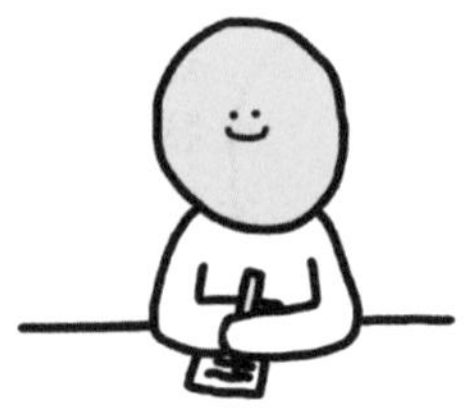

상대가 강하고 무서울수록
움츠러들기보다 가까이 붙어서
맞서 싸워야 합니다.

그래야 상대가 더이상
공격을 못하기 때문입니다.

그것이 나를 방어하는 방법이자
상대를 공격하는 방법입니다.

내가 도전하는 일에도
적극적으로 맞서는 것이
필요하다는 것을 배웠습니다.

부정적인 생각 그만 하는 법

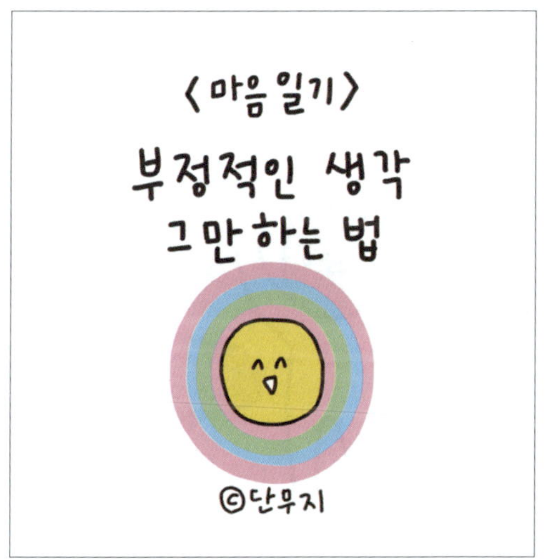

나는 원래 개복치 유리멘탈이었다.

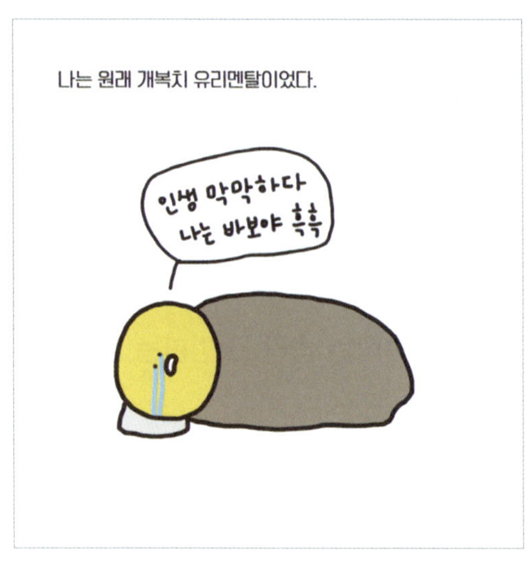

그런데 어느 날,
더 이상은 이렇게 살 수 없다는 생각이 들었다.

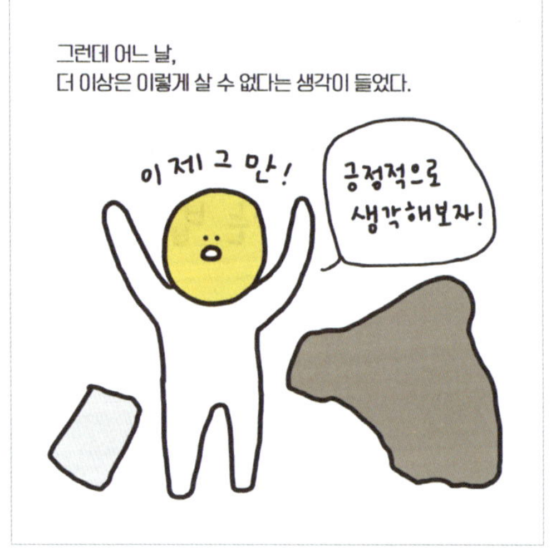

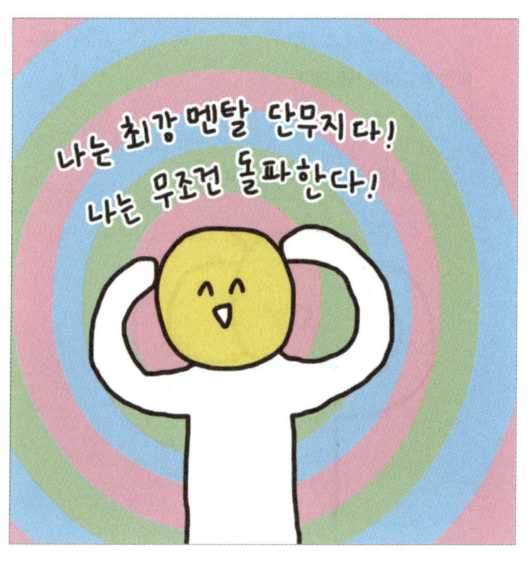

나는 최강 멘탈 단무지다!
나는 무조건 돌파한다!

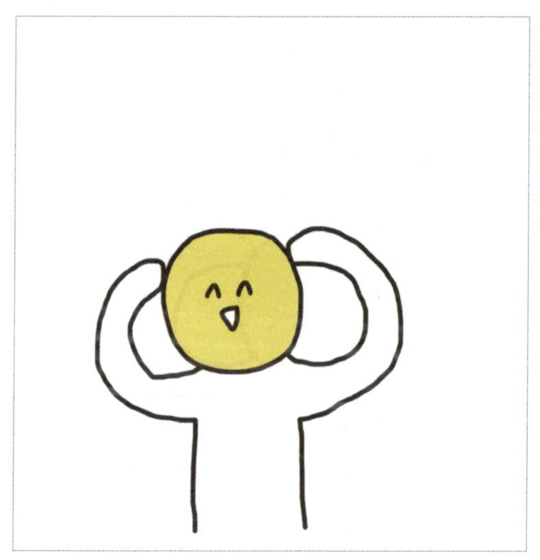

말의 중요성을 깨달았다.

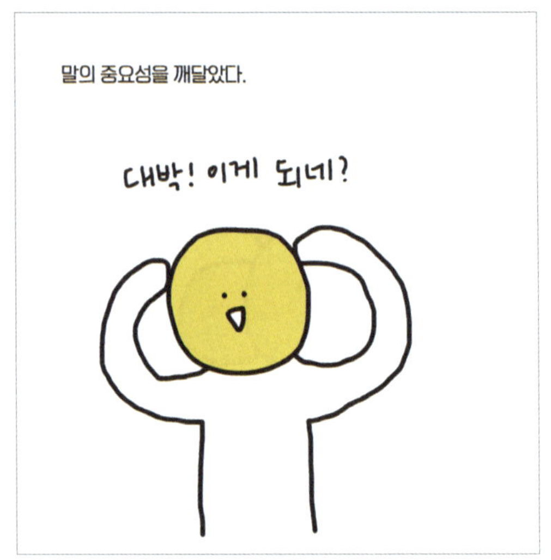

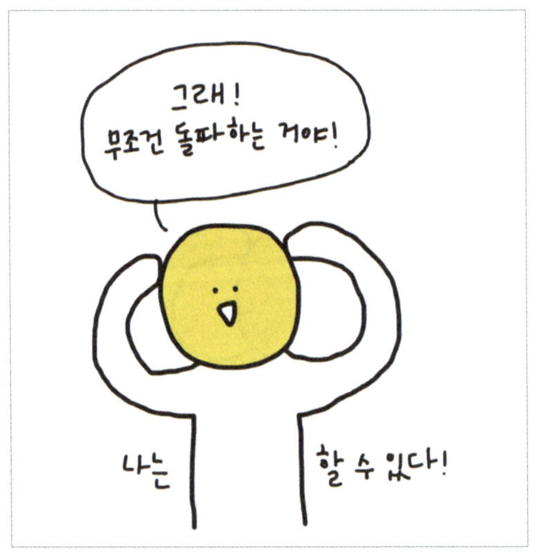

물론, 그렇다고 부정적인 생각이 안 생기는 것은 아니지만
그럴 때마다 다시 이기면 되는 것이다.

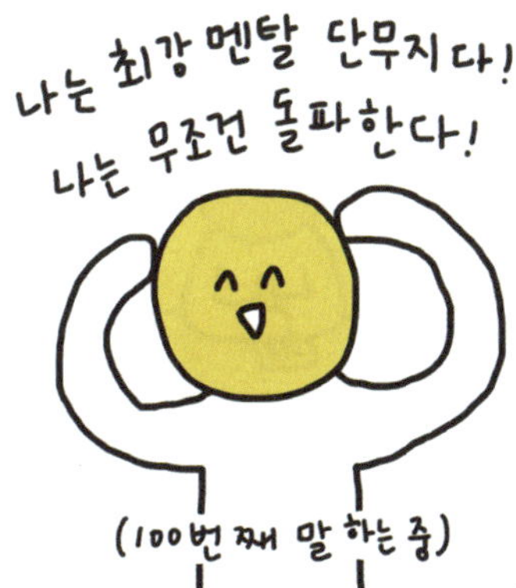

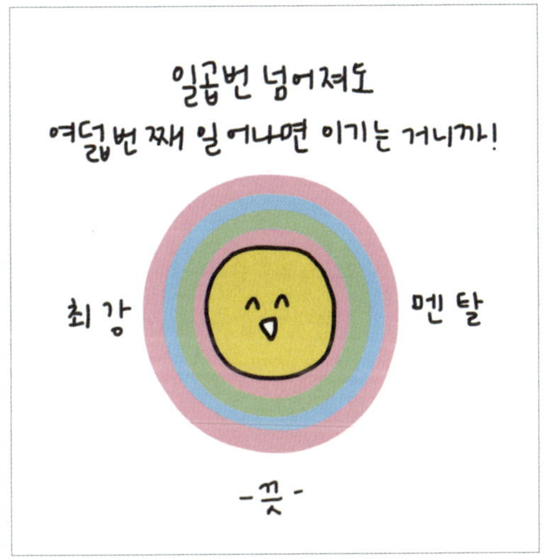

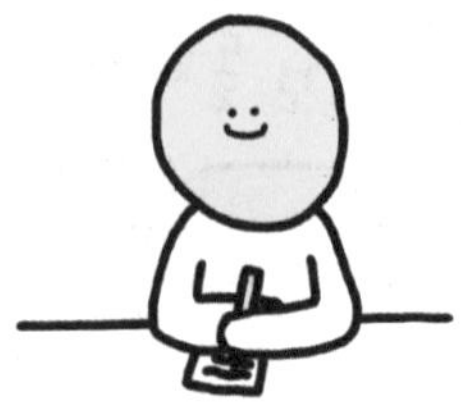

저는 원래 멘탈이
매우 약한 사람이었습니다.

그러다 하루는
더이상 이렇게 살 수 없겠다는 생각이 들어서
스스로를 최강멘탈이라 지칭하며
외쳐보았습니다.

그리고 말의 중요성을 깨닫게 되었습니다.

오늘도 외쳐봅니다.
"나는 최강 멘탈이다! 무조건 돌파한다!"

Episode
24

벽과 다리

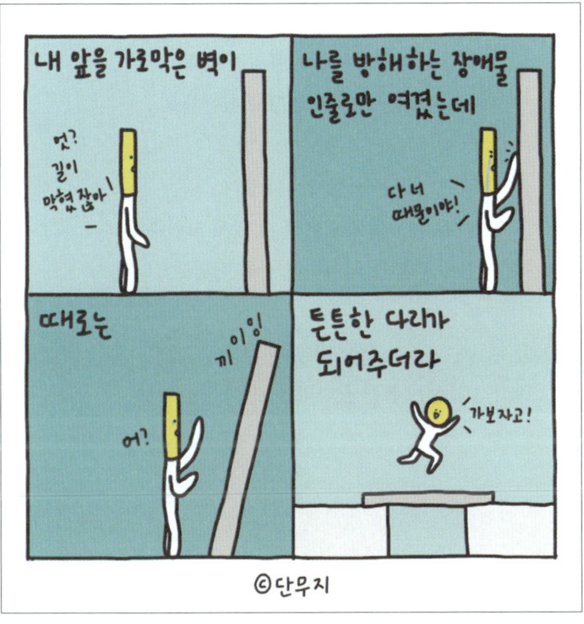

내 앞을 가로막은 벽이
엇?
길이
막혔잖아!
나를 방해하는 장애물
인줄로만 여겼는데
다 너
때문이야!
때로는
끼이잉
어?
튼튼한 다리가
되어주더라
가보자고!
ⓒ단무지

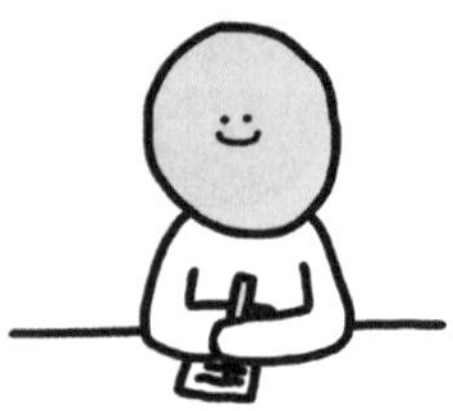

인생을 살다보면
내 앞을 가로막는 벽을 만날 때가 있습니다.

나를 방해하는 장애물로만 생각해서
때로는 원망도, 불평도 했는데요.

그 문을 살포시 두드려보니
다른 과정으로 넘어갈 수 있게 도와주는
튼튼한 다리가 되어주는 것을 경험했습니다.

오늘 내 앞의 벽도
사실은 튼튼한 다리인 것은 아닐까요?

건강한 자존감의 시작

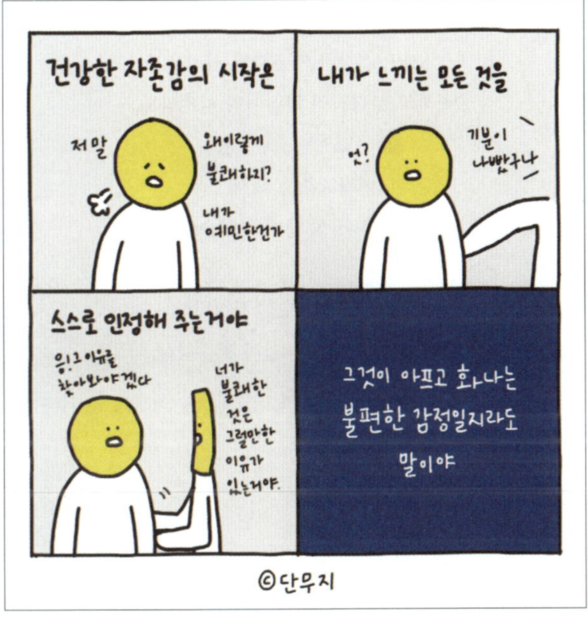

건강한 자존감의 시작은
저말
왜이렇게 불쾌하지?
내가 예민한건가
내가 느끼는 모든 것을
엇?
기분이 나빴구나
스스로 인정해 주는거야
일고 이유를 찾아봐야겠다
너가 불쾌한 것은 그럴만한 이유가 있는거야.
그것이 아프고 화나는 불편한 감정일지라도 말이야
ⓒ단무지

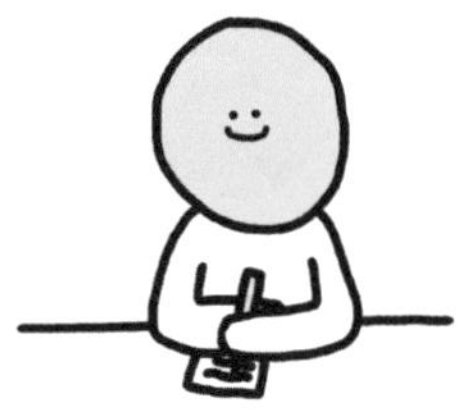

부정적이고 불편한 감정은
억제하고 모른척하려고 했습니다.

하지만 건강한 자존감의 시작은
불편하고 부정적인 감정이라 할지라도,
내가 느끼는 모든 것을
인정해주는 데서
시작한다는 것을 알게 되었습니다.

불편한 감정이어도 괜찮습니다.
당신이 느끼는 모든 것이 맞습니다.

아보카도를 키우면서 느낀점

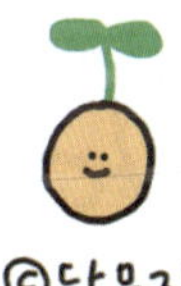

새로운 거처이자 작업실인 서울집에 단무지스튜디오를
꾸리면서 반려식물을 키우고 싶다는 생각을 했다.

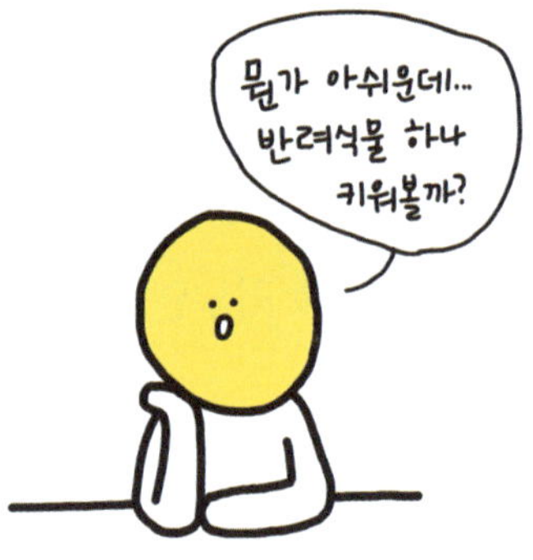

그러다 내가 좋아하는 아보카도를 키우면 어떨까 하는
생각이 들었다.

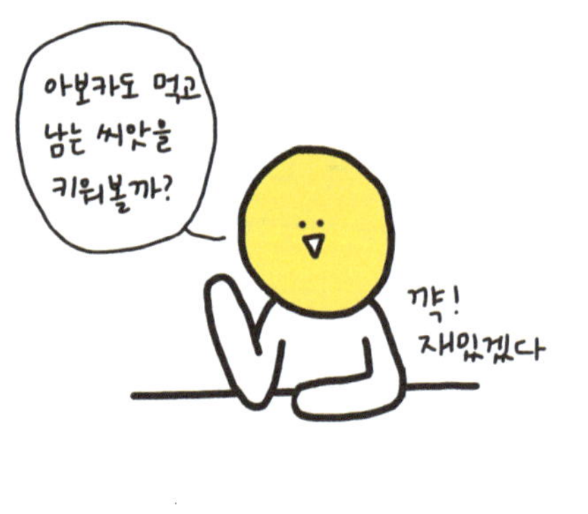

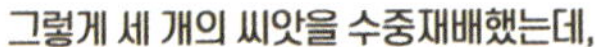
그렇게 세 개의 씨앗을 수중재배했는데,

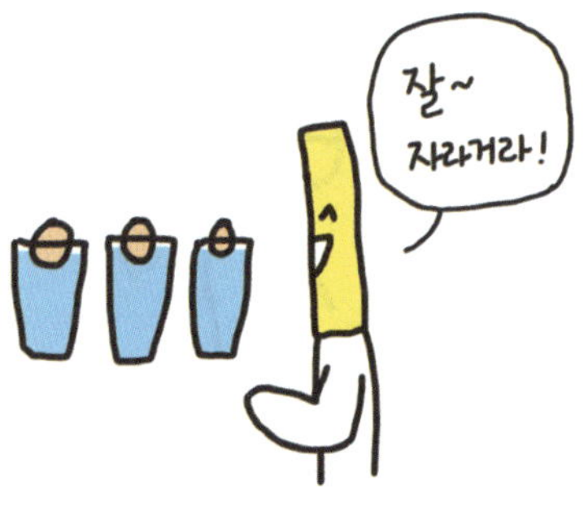

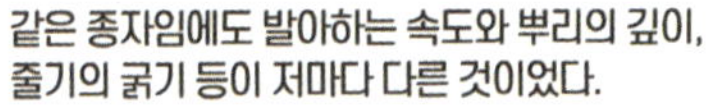
같은 종자임에도 발아하는 속도와 뿌리의 깊이,
줄기의 굵기 등이 저마다 다른 것이었다.

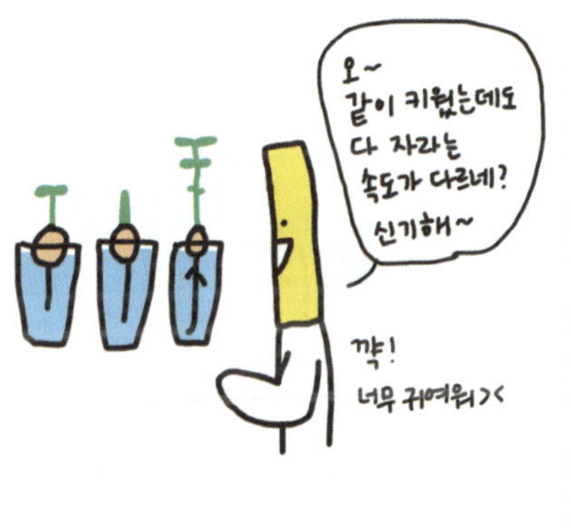

매일 아침, 크고 단단한 씨앗을 뚫고 나오는
새싹의 생명력을 보며 감탄했고

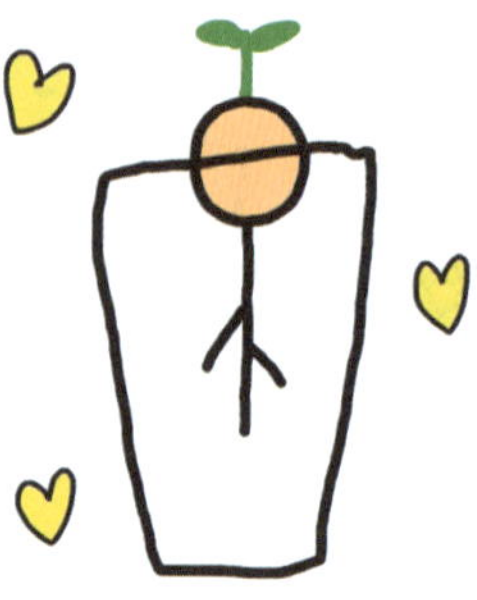

빠르던, 느리던 자신만의 속도로
결국은 자라나는 아보카도를 보며
왠지 모를 위로를 받았다.

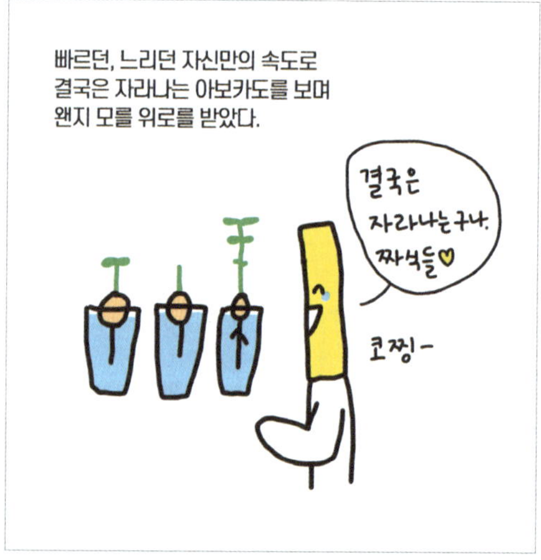

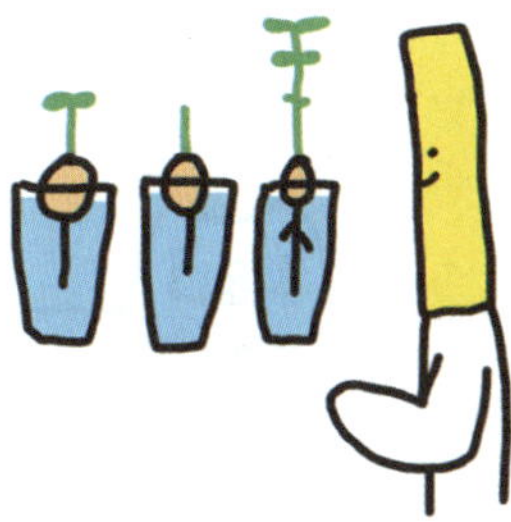

그래. 내 안의 생명력도 그리 다르진 않을 거야.

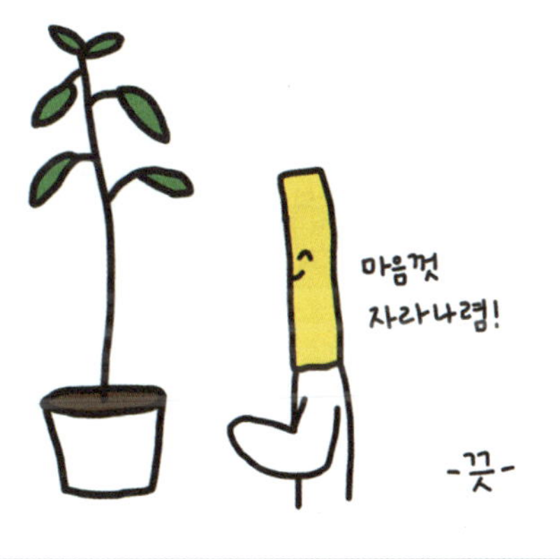

나도 결국은 자라날 거야, 너희처럼. 나만의 속도로.

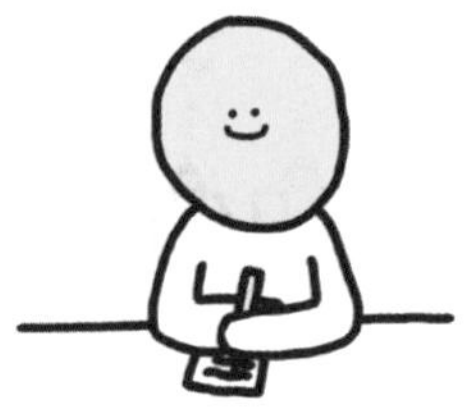

집에서 먹고 남은 아보카도 씨앗을
길러보았습니다.
같은 씨앗이어도
저마다 발아하는 시간이 다르고,
성장하는 속도가 다른 것을 보며,
우리 인생도 저마다
자신만의 피어나는 시간이 있겠구나
하는 생각을 했습니다.

그 생명력을 보니,
내 안의 생명력의 힘도
다르지 않을 것이라는
믿음이 생겼습니다.

나도, 당신도 결국은 자랄 것입니다.
우리만의 속도로.

번아웃이 오는 진짜 이유

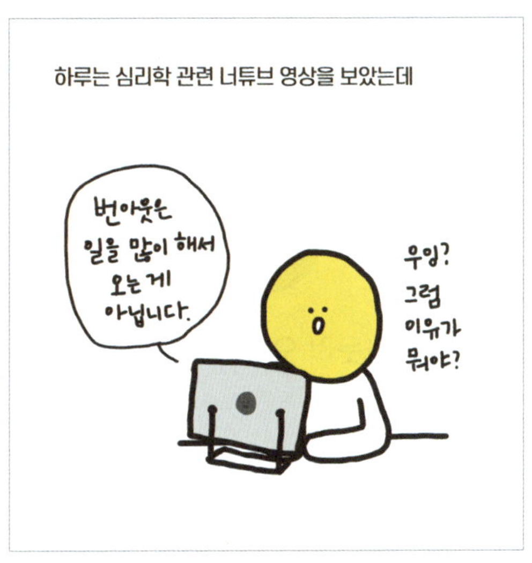

하루는 심리학 관련 너튜브 영상을 보았는데
번아웃은 일을 많이 해서 오는 게 아닙니다.
우잉? 그럼 이유가 뭐야?

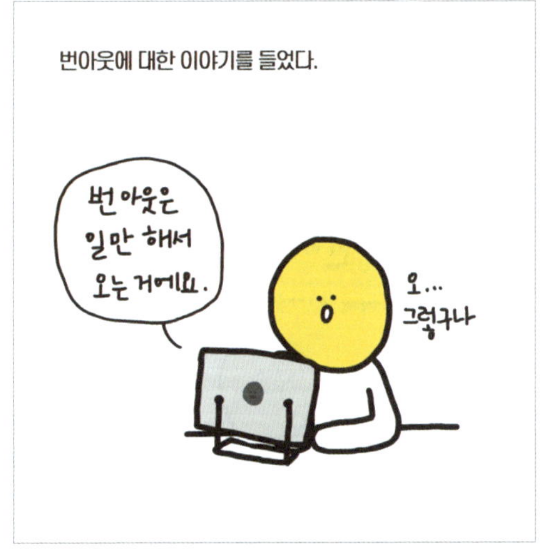

번아웃에 대한 이야기를 들었다.
번아웃은 일만 해서 오는 거에요.
오… 그렇구나

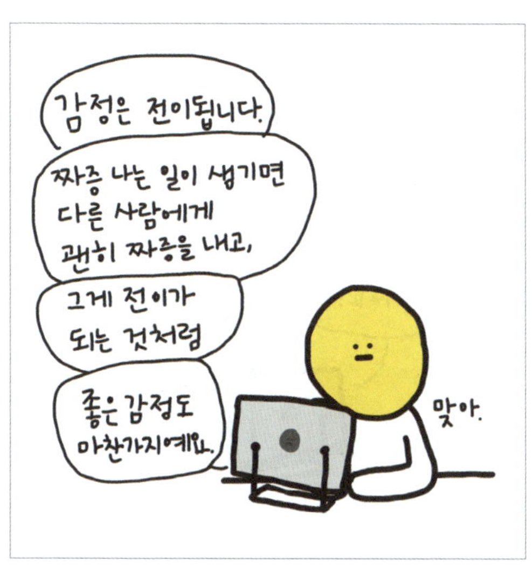

감정은 전이됩니다.
짜증 나는 일이 생기면 다른 사람에게 괜히 짜증을 내고,
그게 전이가 되는 것처럼
좋은 감정도 마찬가지예요.
맞아.

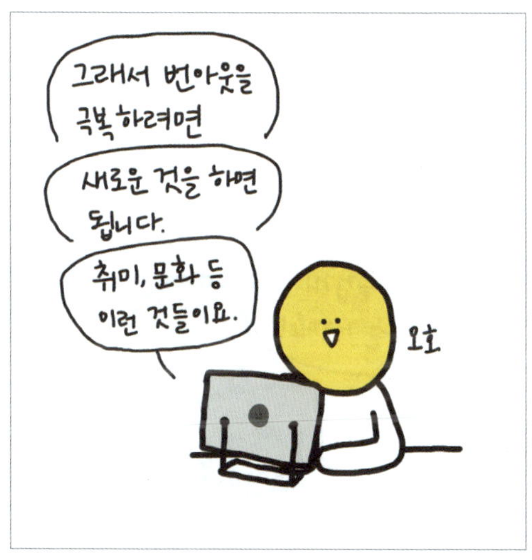

그래서 번아웃을 극복하려면
새로운 것을 하면 됩니다.
취미, 문화 등 이런 것들이요.
오호

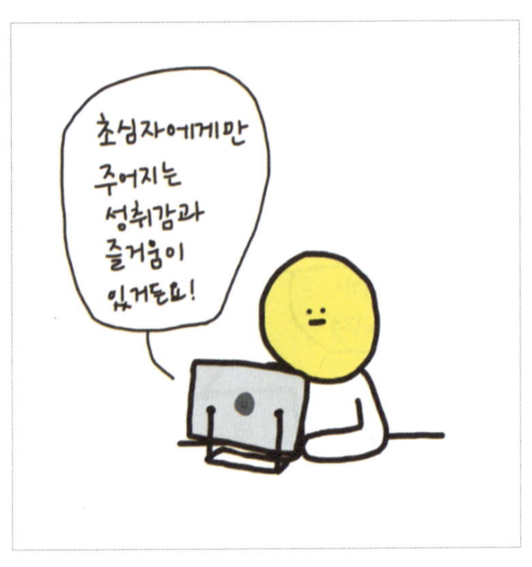

초심자에게만 주어지는 성취감과 즐거움이 있거든요!

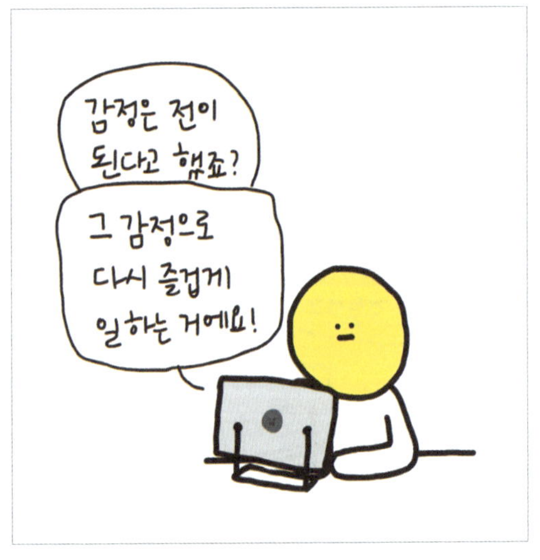

감정은 전이 된다고 했죠?
그 감정으로 다시 즐겁게 일하는 거에요!

생각해보니 나도 그랬다.

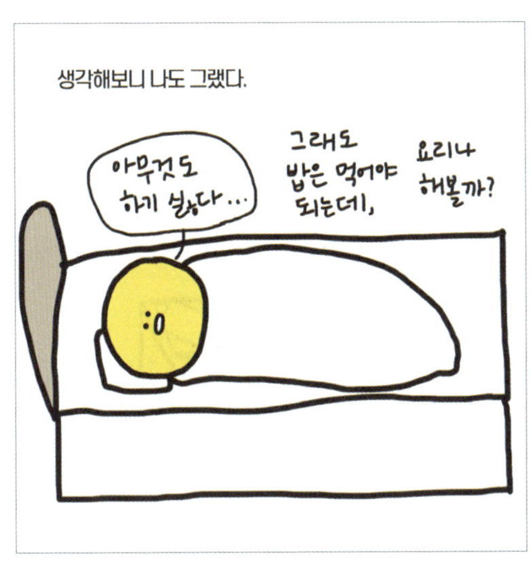

새로운 것을 시작하면서 쌓인 성취감으로
다시 일어설 수 있었다.

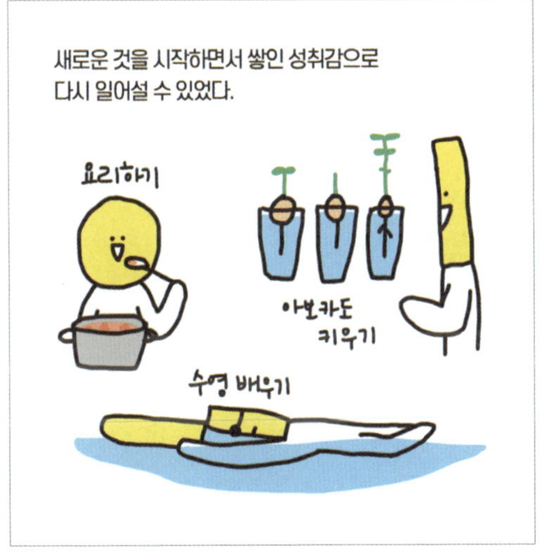

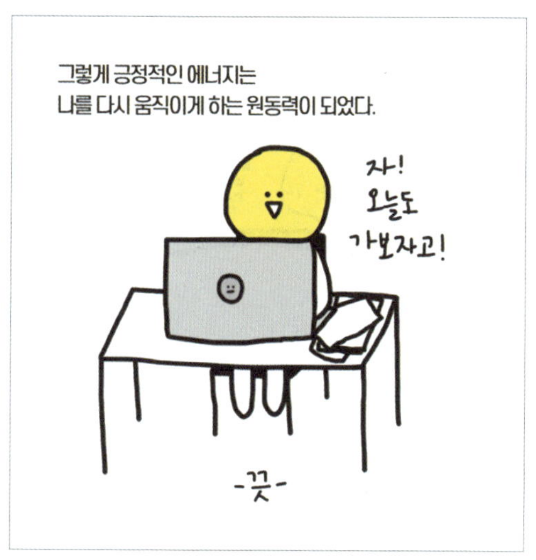

그렇게 긍정적인 에너지는
나를 다시 움직이게 하는 원동력이 되었다.

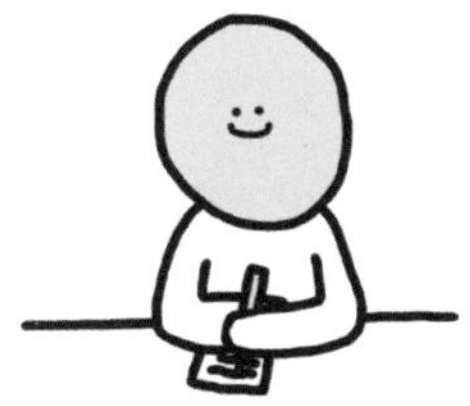

번아웃은
일을 많이 해서 오는 것이 아니라,
일만 해서 오는 것이라는
이야기를 들었습니다.

반복되는 일에 내성이 생겨
더이상 새로운 성취감과 기쁨이
사라지기 때문인데요.

그래서 새로운 취미나
활동이 중요합니다.

번아웃이 왔다면,
새로운 활동을 시작해보시는 건
어떤가요?

Think Simple!

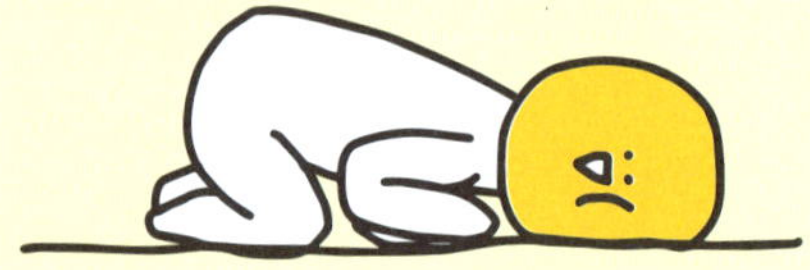

아무것도 해낼 수 없을 것 같을 때 극복방법

반복되는 실패는 사람을 무기력하게 만든다.

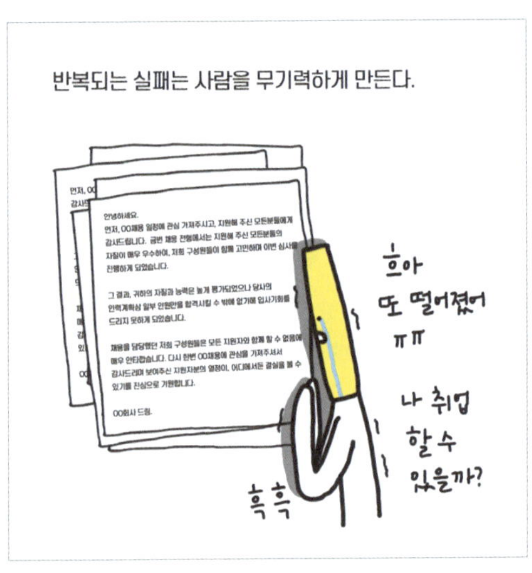

처음은 좀 아파도,
시간이 지나면 다시 도전할 힘이 회복되지만

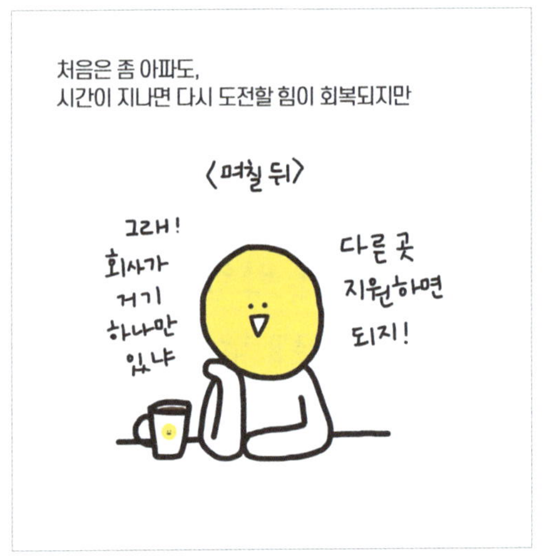

잽도 같은 곳에 여러 번 맞으면 큰 상처를 입듯

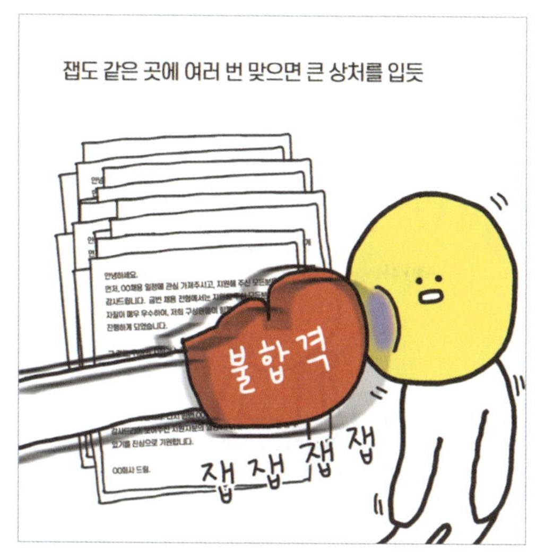

마음도 어느 순간 스스로 회복할 힘을 잃어버린다.

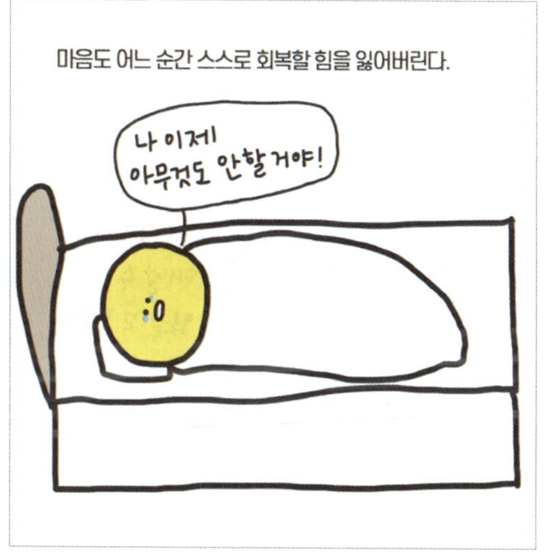

이때 중요한 것은
아주 사소한 성공을 쌓는 것이다.

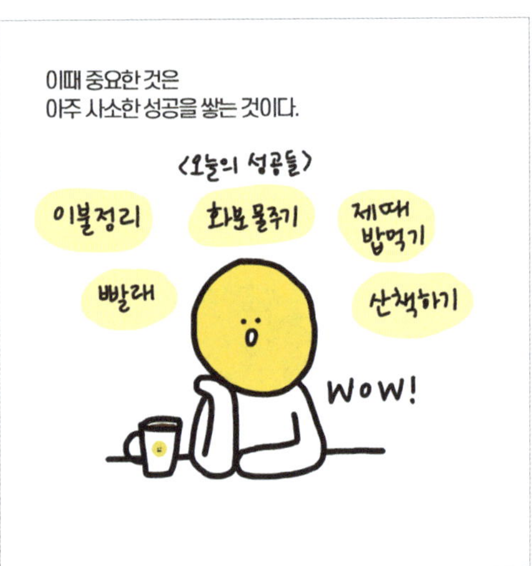

작은 성공경험이 쌓이면,
어느새 다른 것도 성공할 수 있을 것 같은
마음이 들기 때문이다.

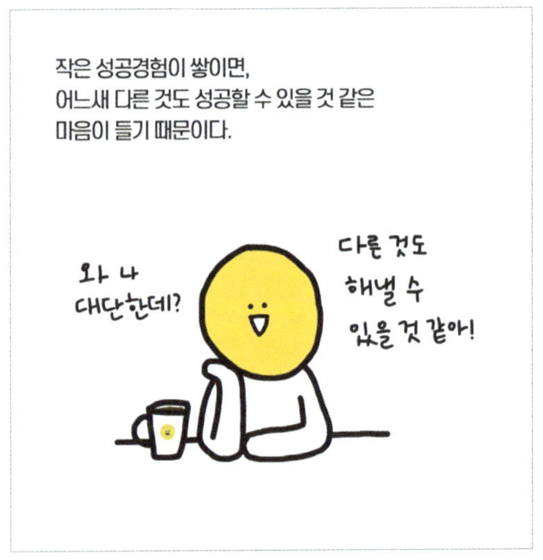

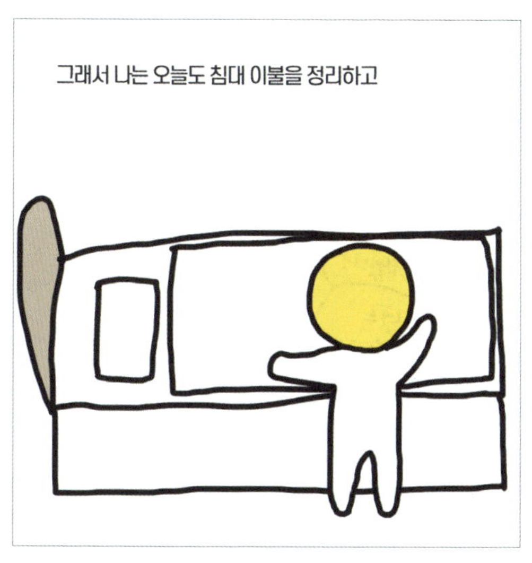

그래서 나는 오늘도 침대 이불을 정리하고

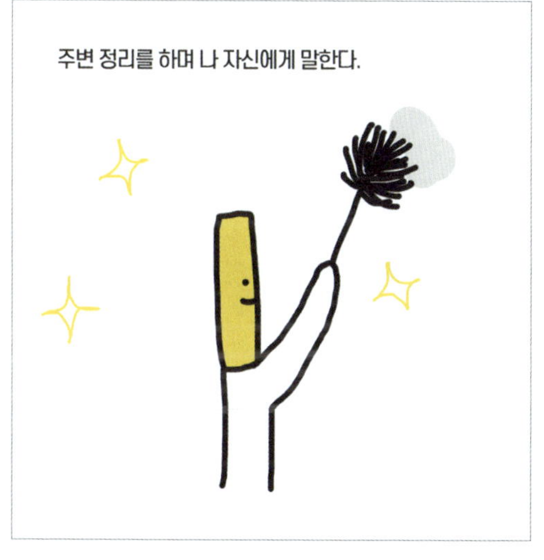

주변 정리를 하며 나 자신에게 말한다.

결국, 나를 일으키는 것은 나 자신의 몫이니까.

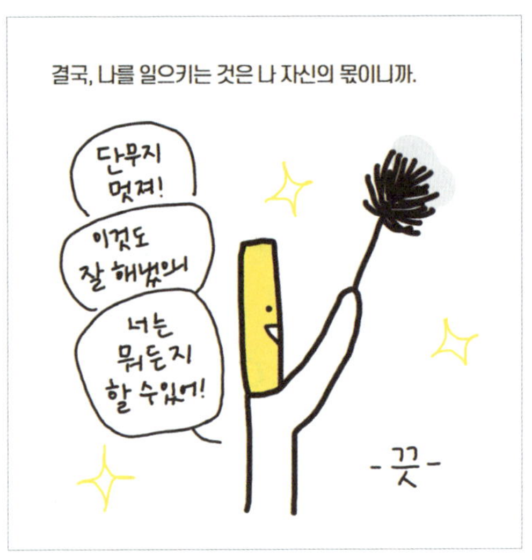

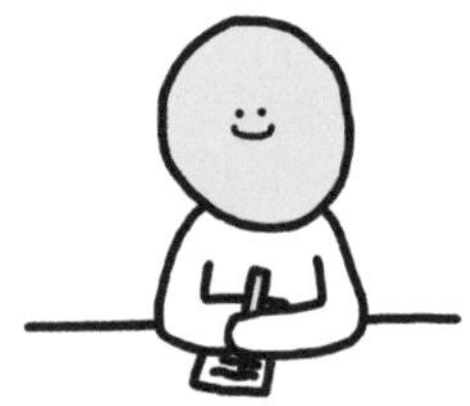

반복되는 실패는
더이상 아무것도 해낼 수 없을 것 같은
생각을 가져다 줍니다.

실패로 인해 낮아진 자존감을 회복하려면
일상의 작은 성취를 이루는 것이
도움이 됩니다.

내 이부자리를 정리한다던지,
방 청소를 한다던지 하는 등 말이에요.

오늘은 작은 성취를 이뤄낸
나 자신을 무조건 칭찬해주세요!

Think Simple!

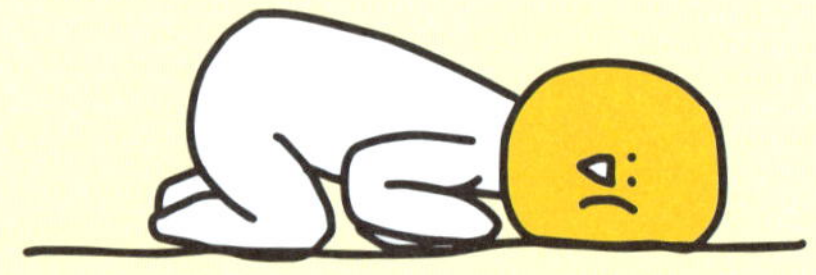

하던 것을 포기하고 싶을 때

삶을 살다 보면 하던 것을 포기하고 싶을 때가 있다.

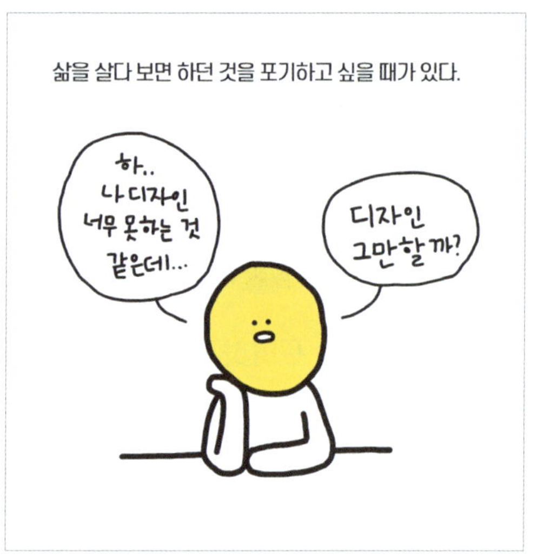

발전 없이 늘 제자리에 머물러 있는 것 같은 느낌 때문에
실망하기도 한다.

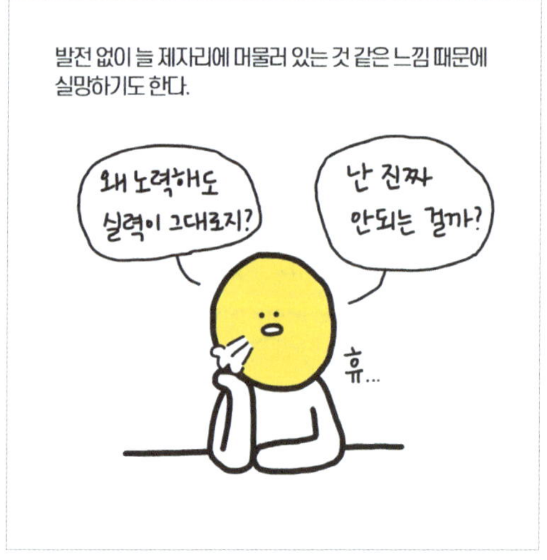

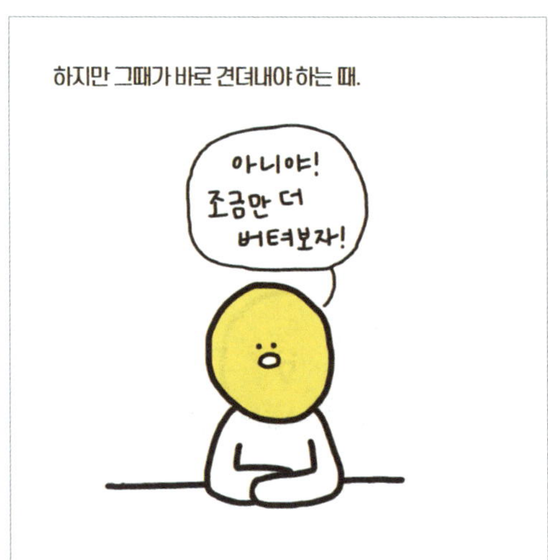

하지만 그때가 바로 견뎌내야 하는 때.
아니야!
조금만 더
버텨보자!

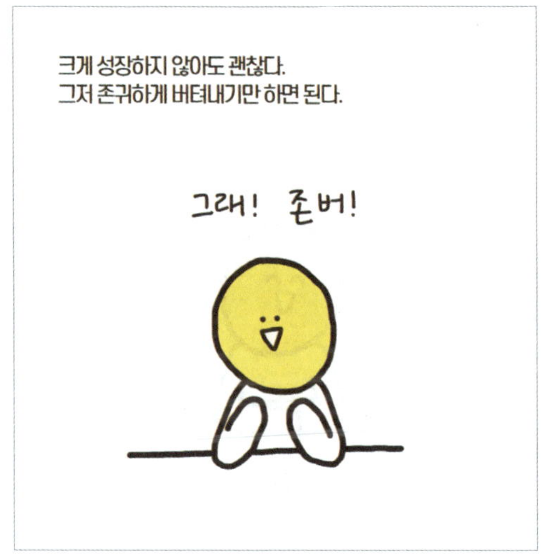

크게 성장하지 않아도 괜찮다.
그저 존귀하게 버텨내기만 하면 된다.
그래! 존버!

그렇게 끝까지 버텨낼 때,
어느새 어제보다 성장해있는 나를 마주할 것이다.

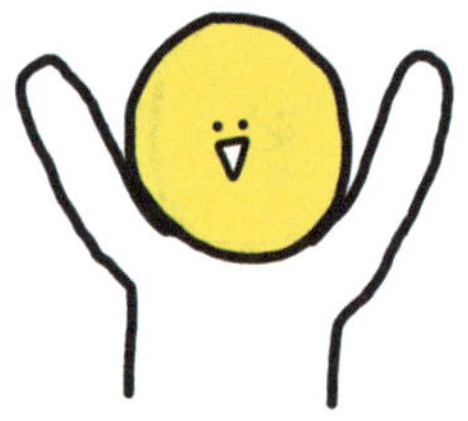

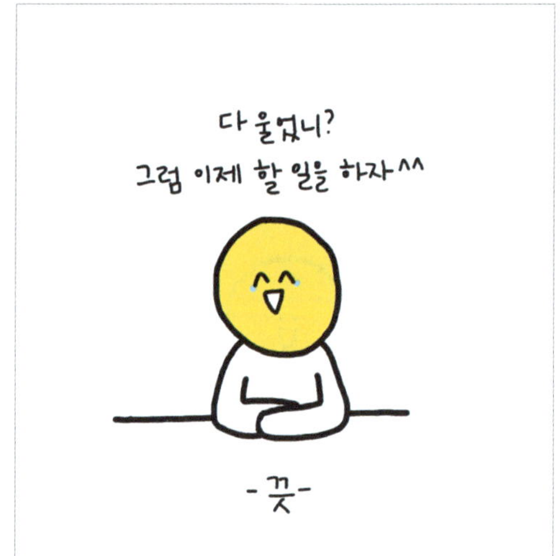

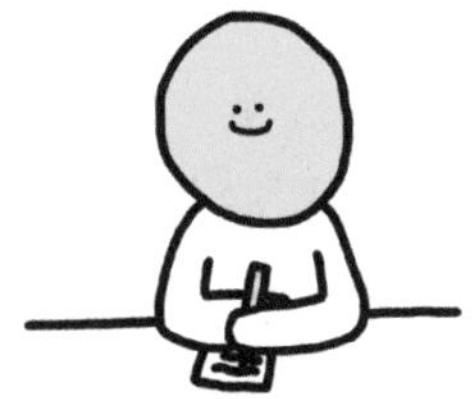

눈에 띄는 성과나
성장이 없을 때
하던 것을 쉽게 포기하고 싶은
생각이 듭니다.

하지만 그때가
진짜로 버텨내야 하는 때임을
알게 되었습니다.

존귀하게 버텨내기.
존버함으로 끝까지 버텨낼 때,
어느새 어제보다 성장해있는
나를 마주할 것입니다.

Think Simple!

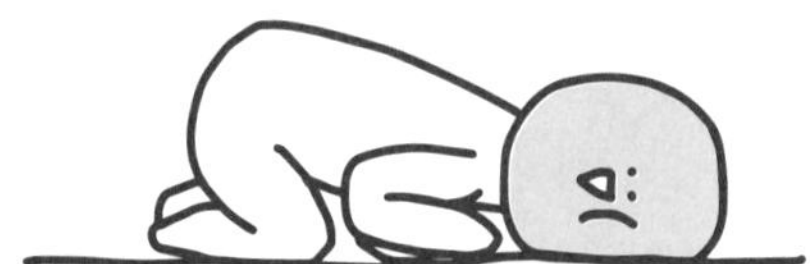

Episode
30

화가 날 때 똑똑한 사람의 대처법

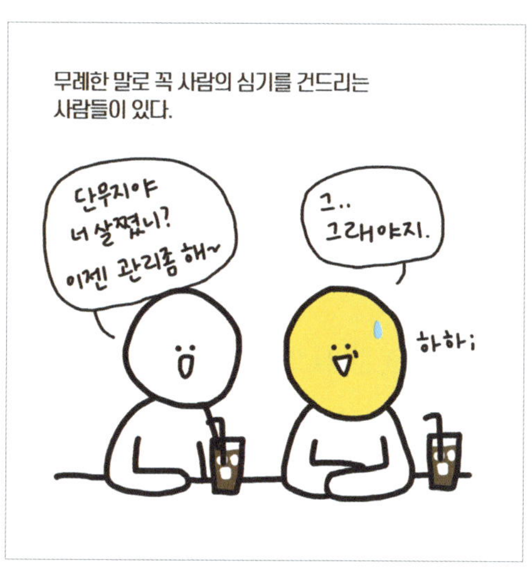
무례한 말로 꼭 사람의 심기를 건드리는
사람들이 있다.

단무지야
너 살쪘니?
이젠 관리좀 해~

그..
그래야지.

하하;

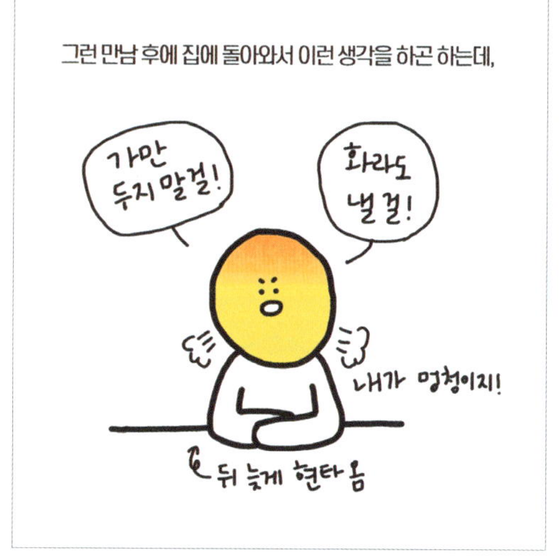
그런 만남 후에 집에 돌아와서 이런 생각을 하곤 하는데,

가만
두지 말걸!

화라도
낼걸!

내가 멍청이지!

뒤 늦게 현타옴

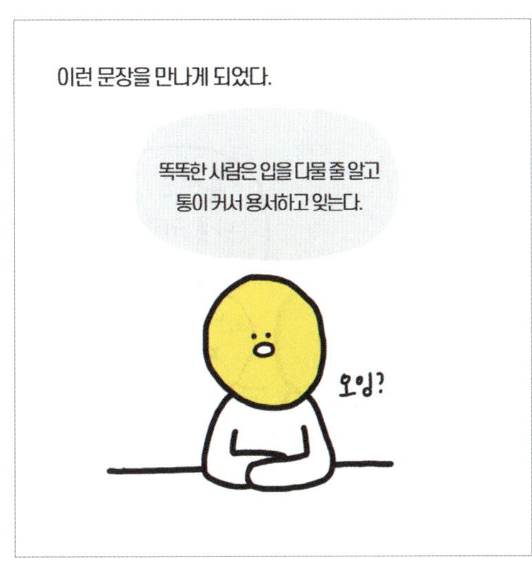

이런 문장을 만나게 되었다.
똑똑한 사람은 입을 다물 줄 알고
통이 커서 용서하고 잊는다.
오잉?

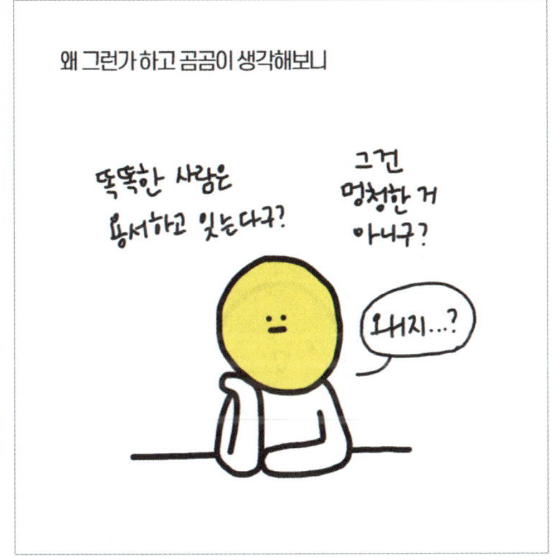

왜 그런가 하고 곰곰이 생각해보니
똑똑한 사람은
용서하고 잊는다구?
그건
멍청한 거
아니구?
왜지...?

용서란 곧 나를 위한 것임을 알게 되었다.

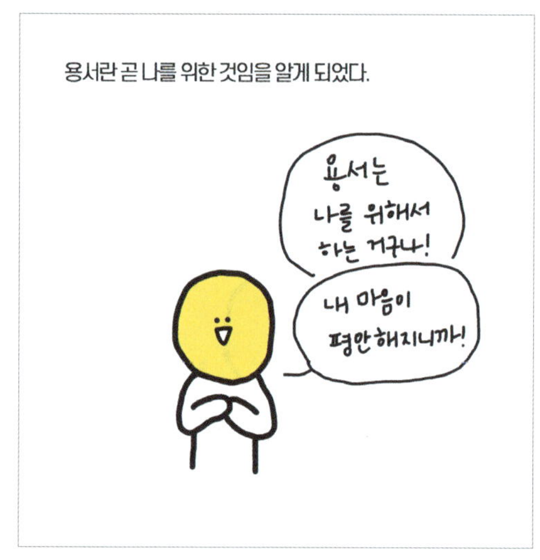

사실 그런 일에 내 에너지를 쓸 가치조차 없는 것이다.

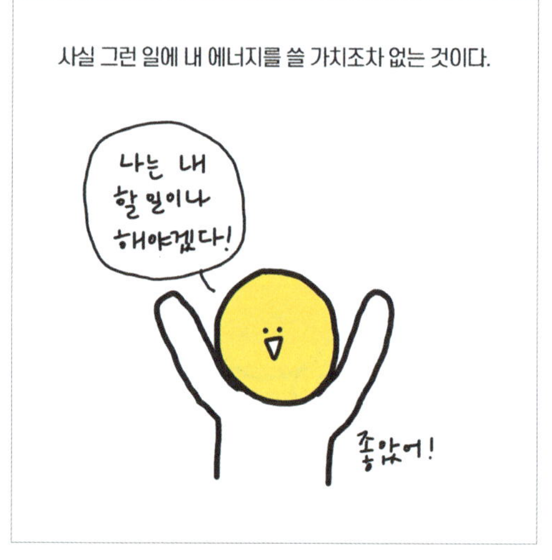

용서가 약한 자의 최후 수단이 아니라
똑똑한 사람의 빠른 선택이라는 것이 참 위로가 된다.

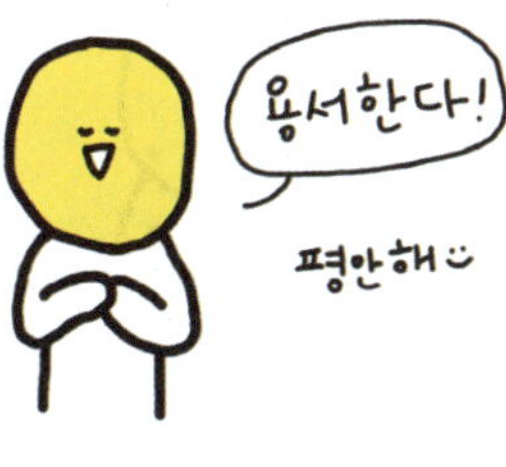

-끗-

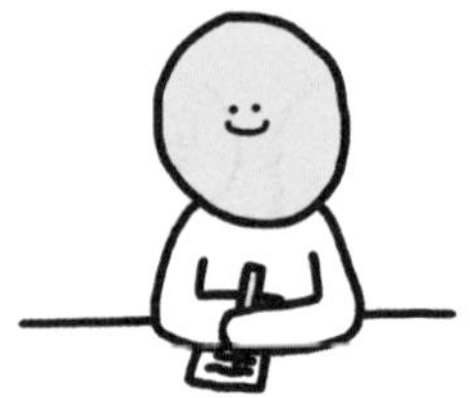

"똑똑한 사람은 입을 다물 줄 알고
통이 커서 용서하고 잊는다."는
문장을 만났습니다.

용서가 약자의 최후 수단이라 생각했는데,
똑똑한 사람의 빠른 선택이라는 것이
참 위로가 되었습니다.

나를 힘들게 하는 사람을
이제는 나를 위해 빠르게 용서해보려고요!

긍정적으로 하루를 시작하는 방법

아침에 눈을 뜨자마자 무엇을 하는지가
그날 하루를 좌우한다.

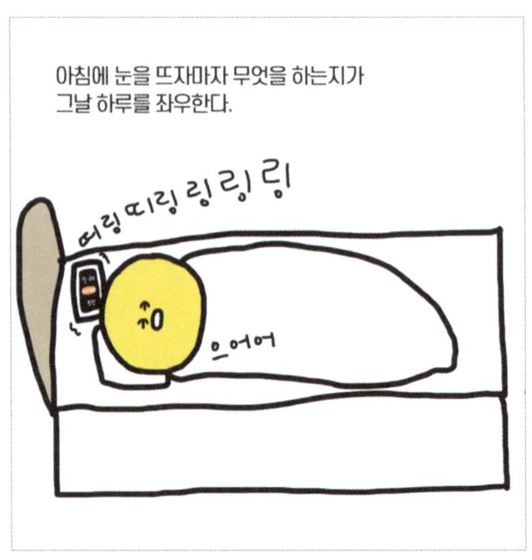

눈을 뜨자마자 스마트폰 속의 어지러운 이야기를 보면
그날의 집중력은 흐트러지고

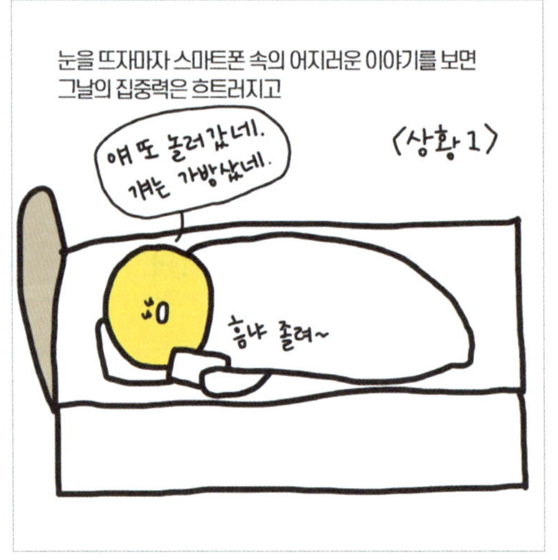

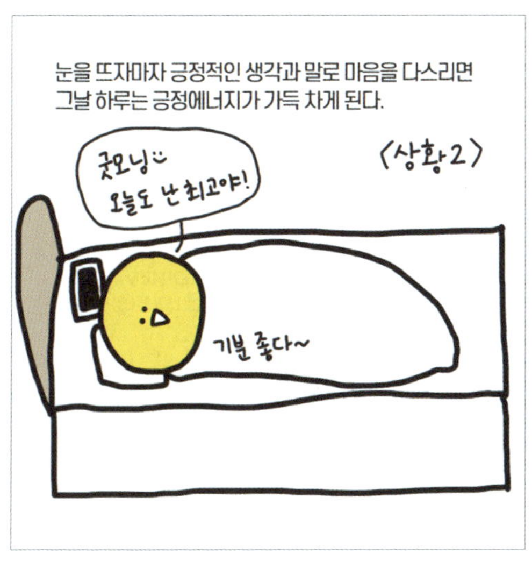

눈을 뜨자마자 긍정적인 생각과 말로 마음을 다스리면
그날 하루는 긍정에너지가 가득 차게 된다.
〈상황 2〉
굿모닝∷
오늘도 난 최고야!
:Δ
기분 좋다~

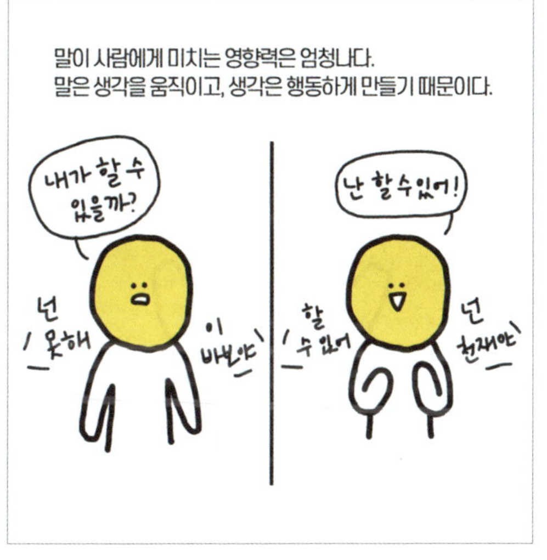

말이 사람에게 미치는 영향력은 엄청나다.
말은 생각을 움직이고, 생각은 행동하게 만들기 때문이다.
내가 할 수 있을까?
난 할 수 있어!
넌 못해
이 바보야
할 수 있어
넌 천재야

그래서 아침에 긍정적인 문장을 보고 입으로 말하는 것은
긍정적으로 하루를 시작하는 효과적인 방법이다.

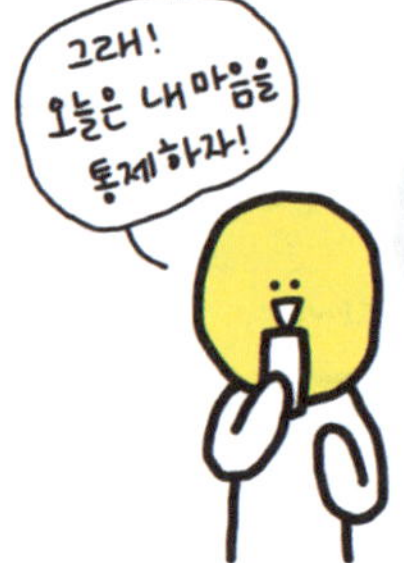

상황은 내가 통제할 수 없어도,
내 마음은 내가 통제할 수 있다.

새로운 한 주 긍정적으로 맞을 준비 끄읏!

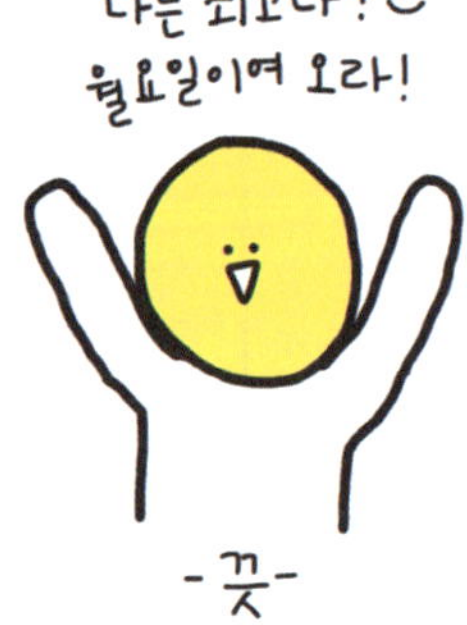

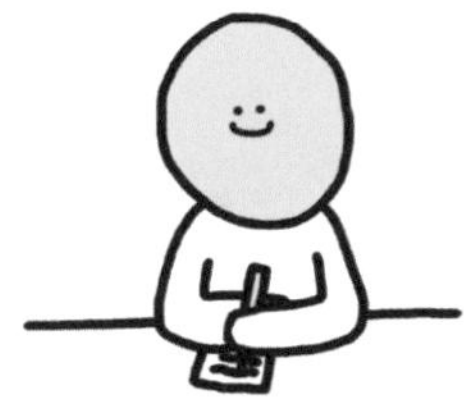

눈을 뜨자마자 무엇을 보는지가
하루에 미치는 영향이 크다고 합니다.

말이 사람에게 미치는 영향력은
매우 큰데요,
말은 생각을 움직이고,
생각은 행동하게 만들기 때문입니다.

그래서 아침에 긍정적인 문장을 보고
입으로 말하는 것은
긍정적으로 하루를 시작하는
효과적인 방법이라고 해요.

오늘도 긍정적으로 하루를 시작해보자고요!

Think Simple!

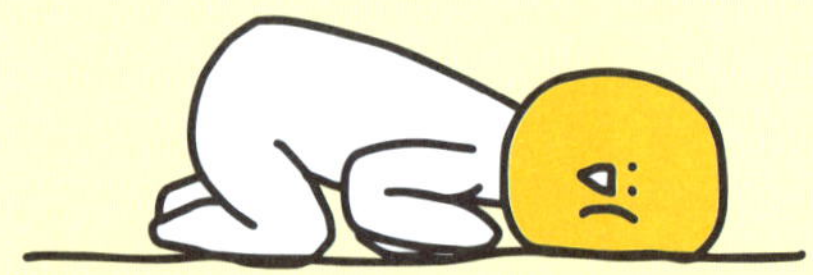

인생 쉽게 바꾸는 방법

<마음일기>

인생
쉽게 바꾸는 방법

ⓒ단무지

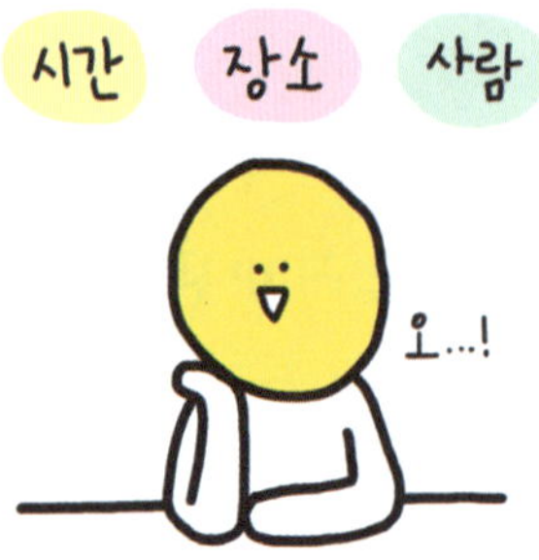

인생을 바꾸는 방법은
시간, 장소, 사람을 바꾸는 것이다.

하지만 현실적으로 사는 곳을 바꾸거나,
훌륭한 사람을 만나는 것은 힘든 일이다.

결국, 이 세 가지 방법의 본질은
시간을 어디에 쓰는가인데,

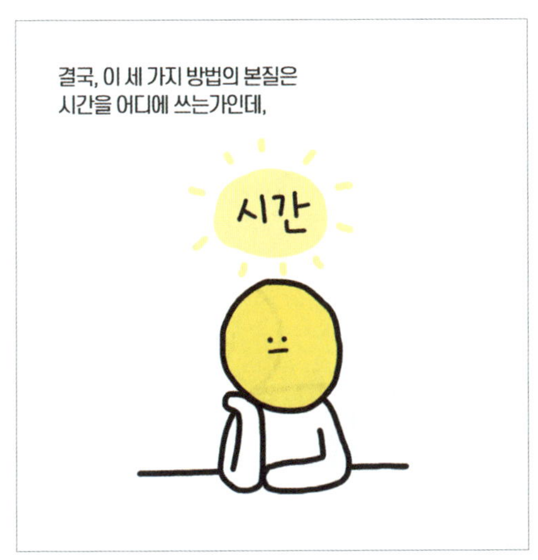

그중 '내가 듣고 보는 것'을 바꾸는 것이
가장 쉬운 방법이다.
나의 의지만 있으면 되기 때문이다.

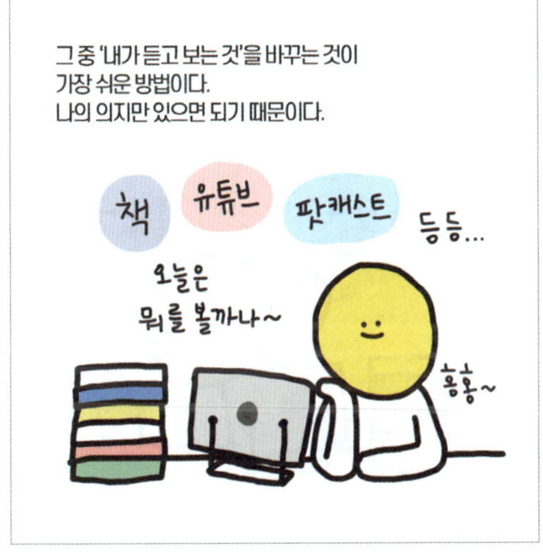

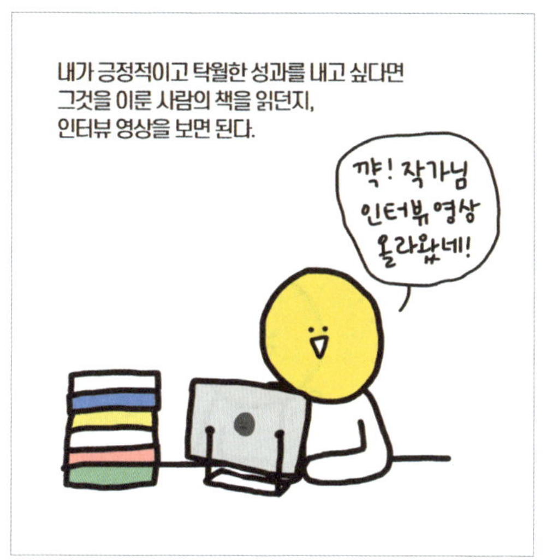

내가 긍정적이고 탁월한 성과를 내고 싶다면
그것을 이룬 사람의 책을 읽던지,
인터뷰 영상을 보면 된다.

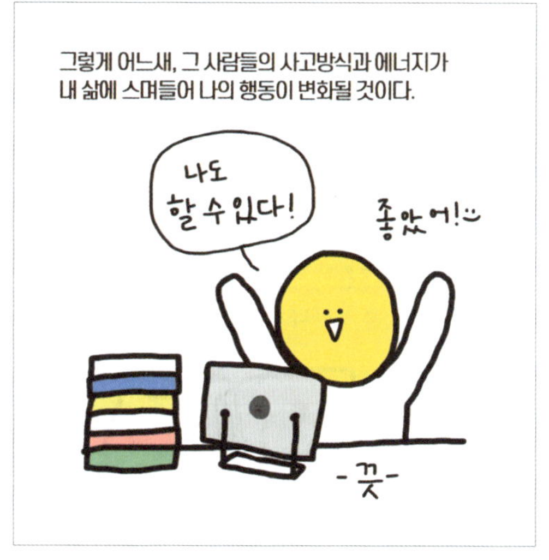

그렇게 어느새, 그 사람들의 사고방식과 에너지가
내 삶에 스며들어 나의 행동이 변화될 것이다.

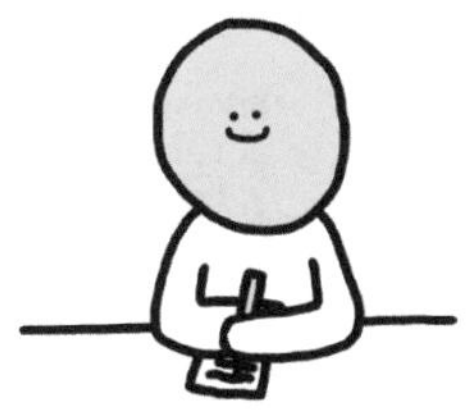

인생을 바꾸는 방법은
시간, 장소, 사람을 바꾸는 것이라고 합니다.

하지만 현실적으로
장소와 사람을 바꾸는 것은 쉽지 않으니,
내가 시간을 쓰는 곳을 바꾸는 것이
가장 빠르 방법인데요.

그 중 '내가 듣고 보는 것'을
바꾸는 것이
가장 쉬운 방법입니다.

오늘 나는 무엇을 듣고 보고 있나요?

Think Simple!

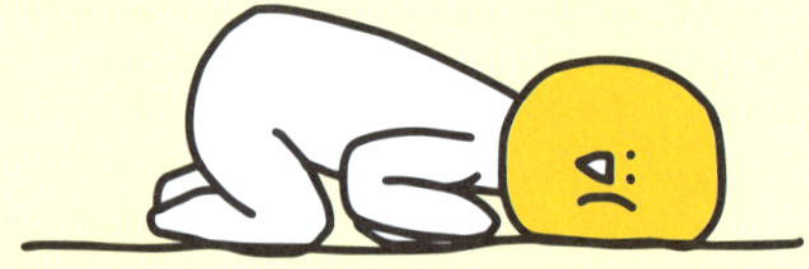

실패를 성공으로 바꾸는 방법

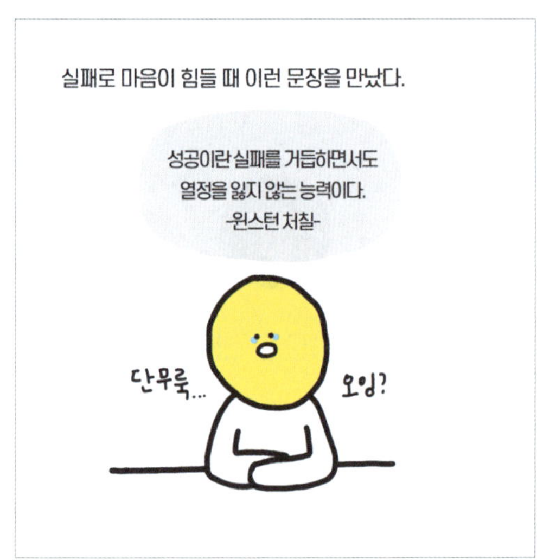

실패로 마음이 힘들 때 이런 문장을 만났다.
성공이란 실패를 거듭하면서도
열정을 잃지 않는 능력이다.
-윈스턴 처칠-
단무룩...
오잉?

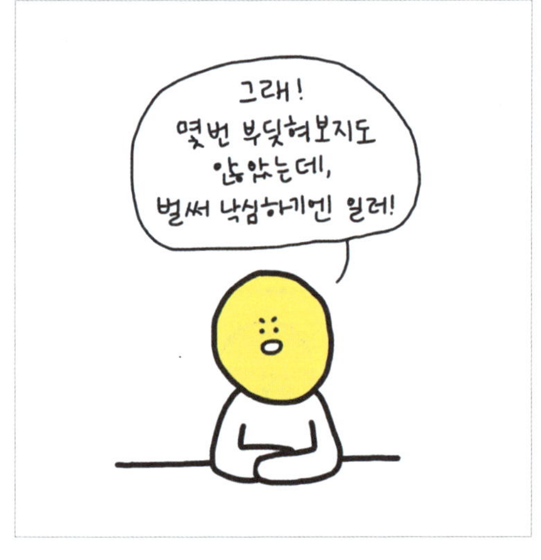

그래!
몇 번 부딪혀보지도
않았는데,
벌써 낙심하기엔 일러!

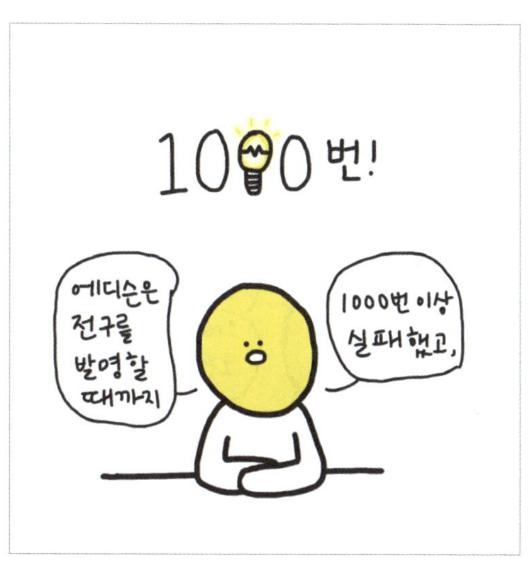
1000번!
에디슨은 전구를 발명할 때까지
1000번 이상 실패했고,

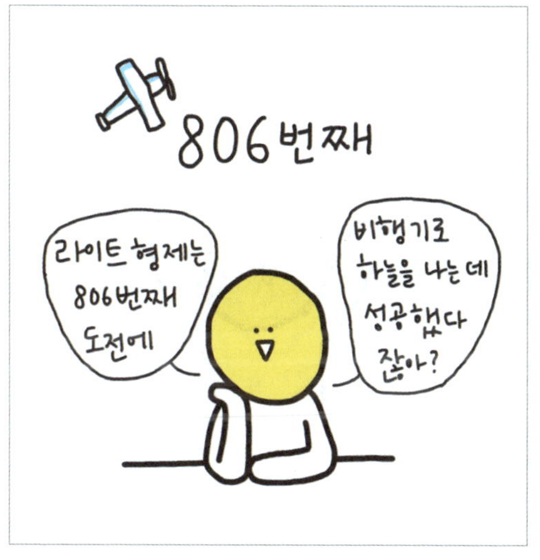
806번째
라이트 형제는 806번째 도전에
비행기로 하늘을 나는 데 성공했다 잖아?

결국 실패에도 불구하고 열정을 가지고 도전하면
실패가 성공이 되는 것을 발견할 것이다.

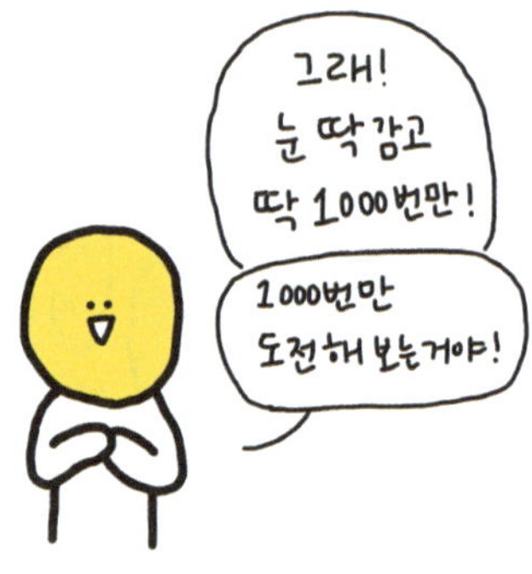

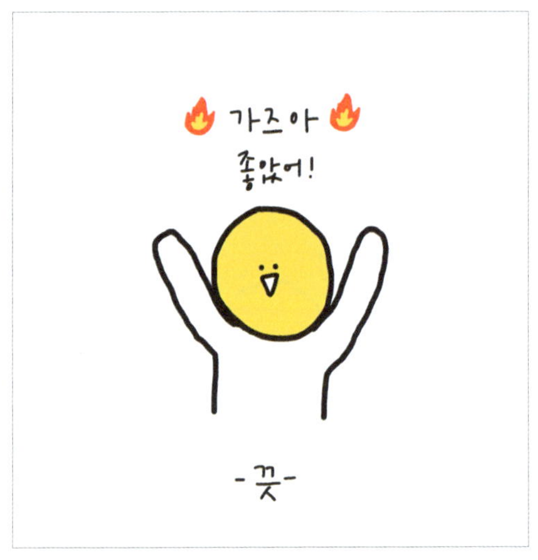

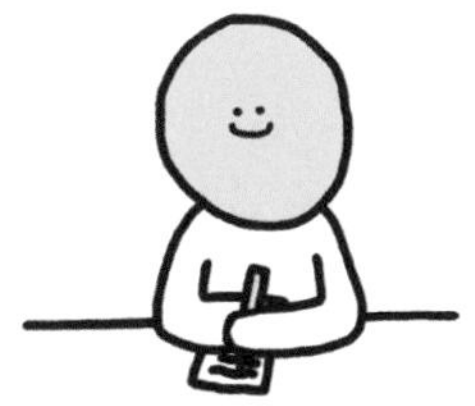

실패를 거듭하면서도
열정을 잃지 않는 것은
쉽지 않은 일입니다.

하지만 에디슨은
전구를 발명할 때까지 1000번 이상 실패했고,
라이트 형제는 806번째 도전에
비행에 성공했다고 하잖아요.

위대한 성공에는
수많은 실패가 있었다는 것을 보며,
결국 실패에도 불구하고
열정을 가지고 도전하면
실패가 성공이 되는 것을 발견할 것입니다.

Think Simple!

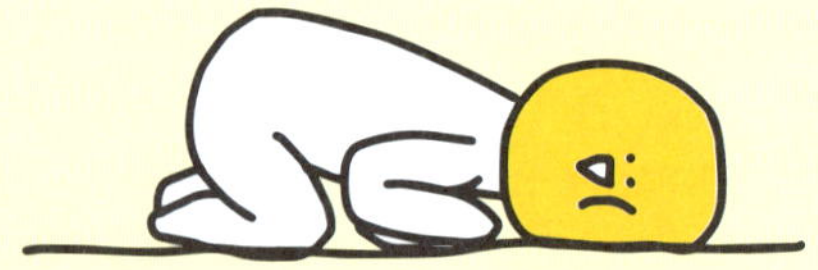

긍정적인 말로도 힘이 나지 않을 때

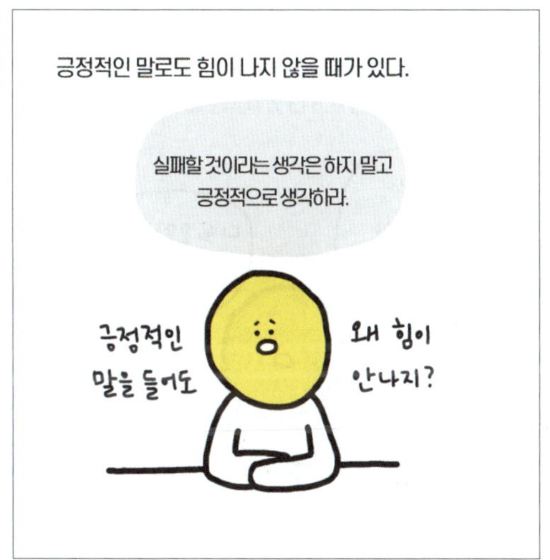

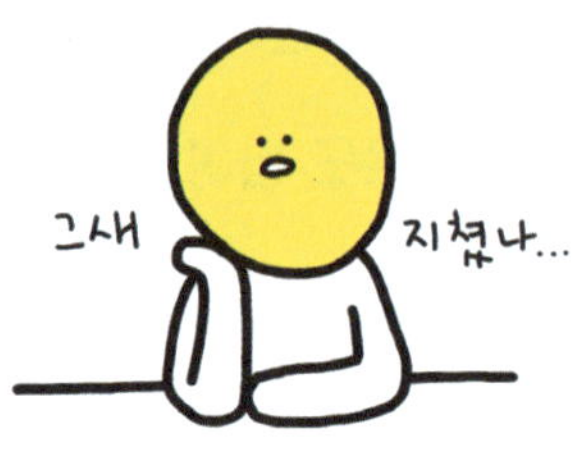

그럴 땐 하던 것을 멈추고
나를 돌보는 시간을 갖는 것이 필요하다.
그새
지쳤나...

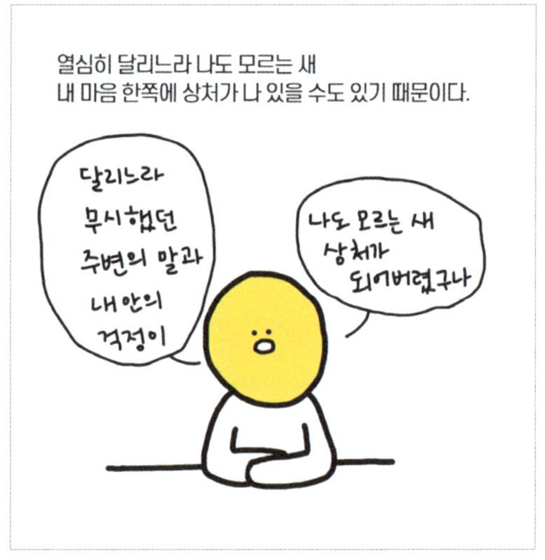

열심히 달리느라 나도 모르는 새
내 마음 한쪽에 상처가 나 있을 수도 있기 때문이다.
달리느라
무시했던
주변의 말과
내 안의
걱정이
나도 모르는 새
상처가
되어버렸구나

이럴땐 내가 좋아하는 것을 먹고

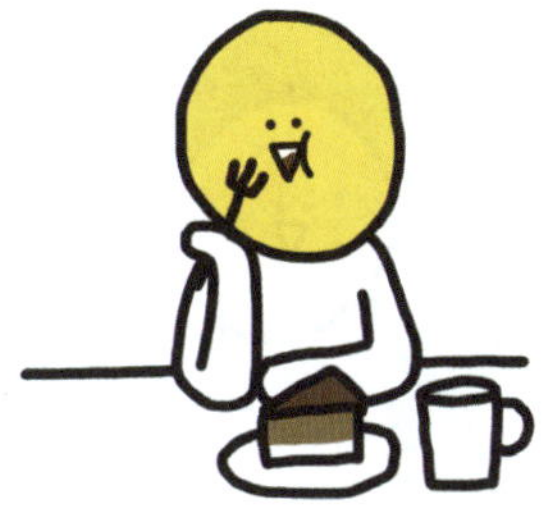

내가 좋아하는 말을 해주고

너가 짱이야!
넌 잘 해낼거야!
괜찮아 단무지!
넌 똑똑 해!
넌 할 수 있어!

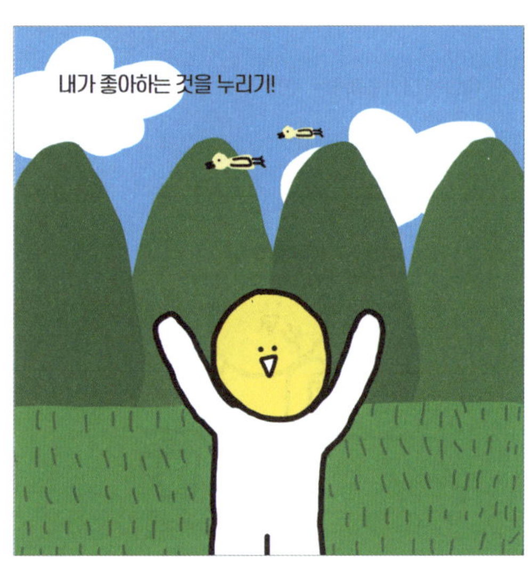

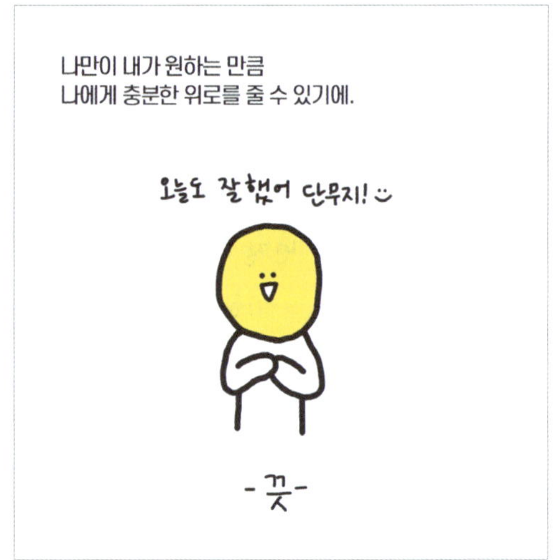
나만이 내가 원하는 만큼
나에게 충분한 위로를 줄 수 있기에.

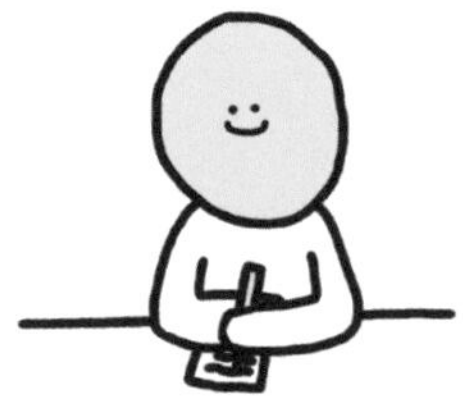

긍정적인 말을 들어도
힘이 나지 않을 때가 있습니다.

그럴 땐 스스로를
돌보는 시간을 갖는 것이 필요한데요.

그간 열심히 달려오느라
마음이 많이 지쳐있을 수 있기 때문입니다.

이럴 땐 내가 좋아하는 것을 먹고,
좋아하는 말을 해주고,
누리며 자신을 다독이는 시간을 가져야 합니다.

나만이 내가 원하는 만큼
충분한 위로를 줄 수 있기 때문입니다.

Think Simple!

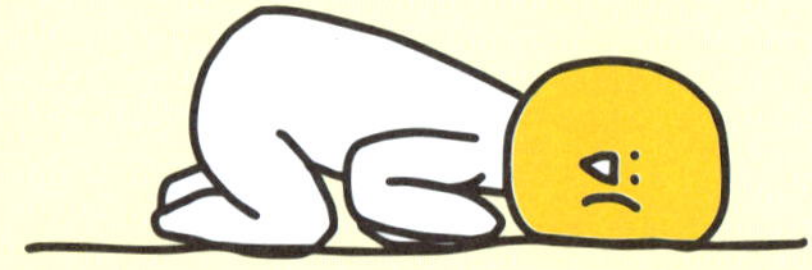

그냥 해도 돼

< 마음일기 >

그냥 해도 돼

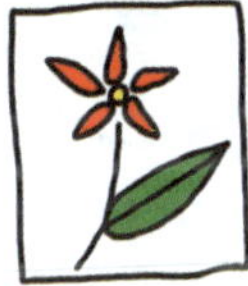

ⓒ단무지

나는 완벽주의가 있다.

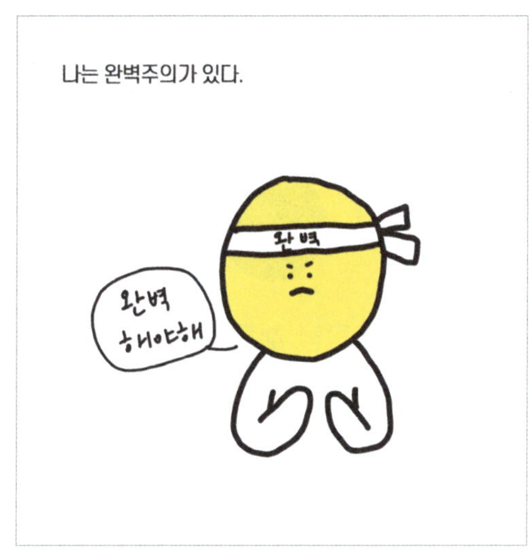

완벽한 결과가 그려지지 않으면
시도조차 하지 않으려고 한다.

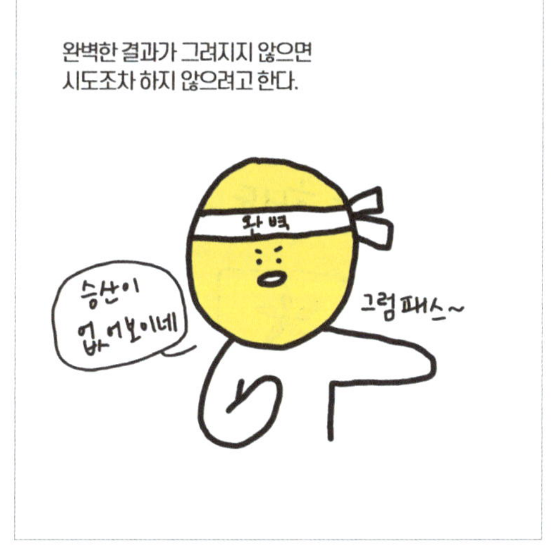

하지만 인생은 내가 그린 그림대로 실현되는 것이
아님을 깨달았다.

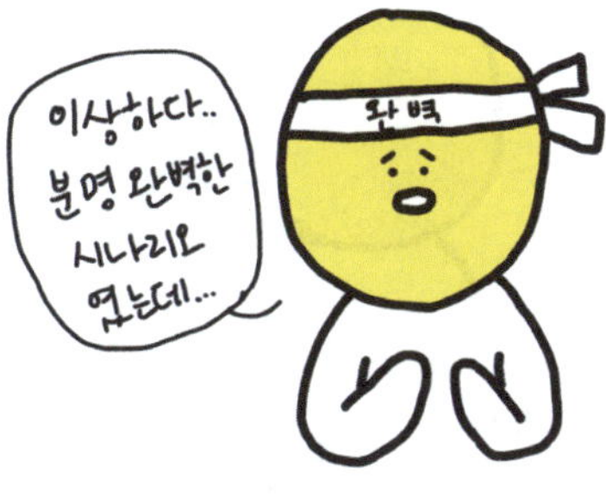

실수로 흘린 물감이 멋진 그림이 되기도 하는 법.

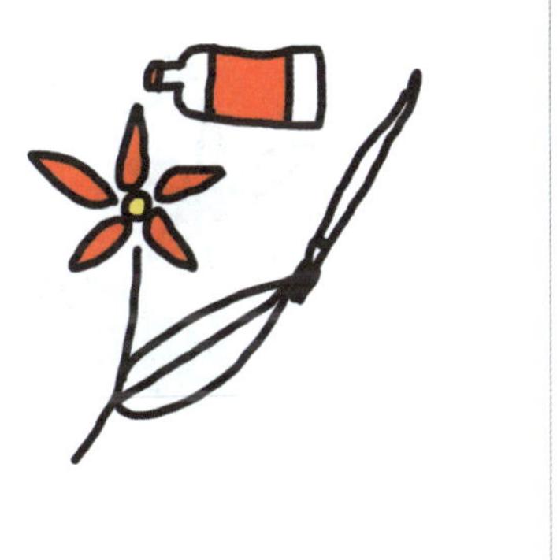

그러니 그냥 해도 돼.

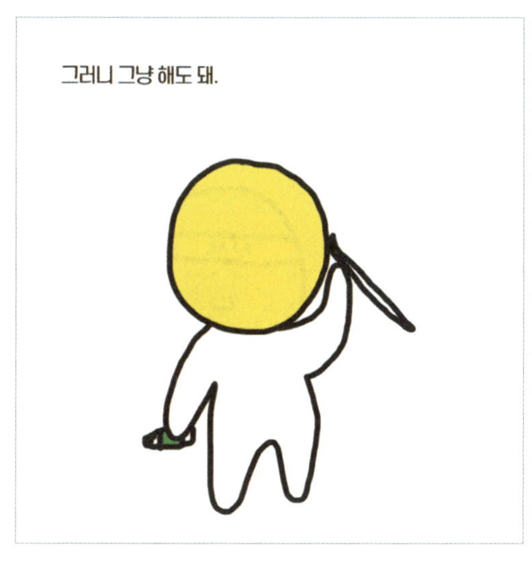

그냥 하다 보면 생각지도 못한 멋진 그림이
내 앞에 펼쳐질 거야.

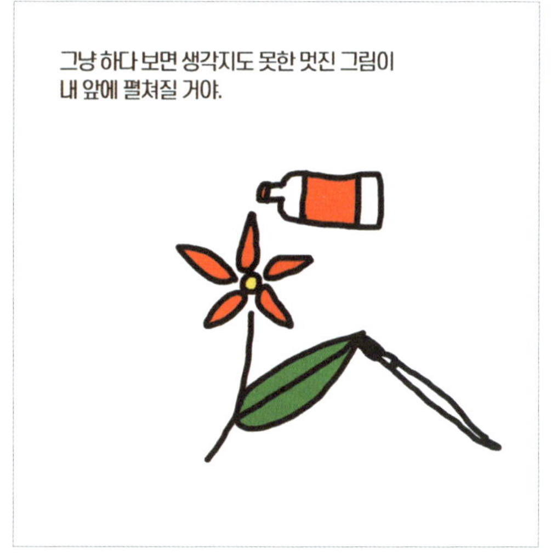

그렇게 인생이란 캔버스 위의
행동으로 인한 우연의 미학을 믿어보려 한다.

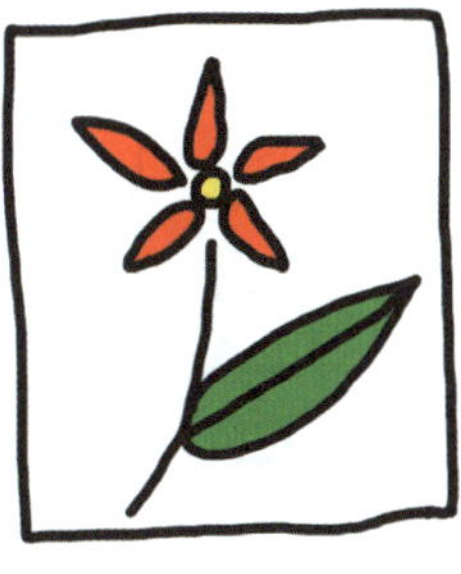

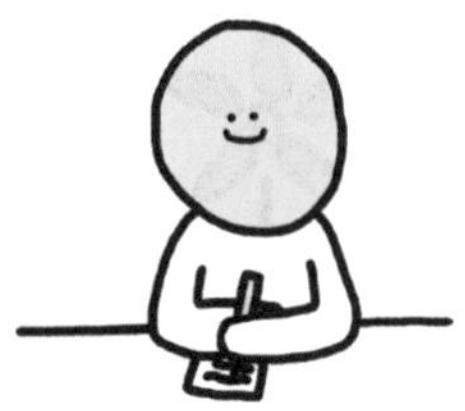

저는 완벽주의가 있습니다.
완벽한 결과가 그려지지 않으면
시도조차 하지 않으려고 합니다.

하지만 실수로 흘린 물감이
멋진 그림이 되기도 하는 것처럼,
완벽하지 않은 것으로부터
좋은 결과가 나오는 경우도
많다는 것을 알게 되었습니다.

이제는 결과를 재느라 주저하지 않고,
인생이라는 캔버스 위에
행동으로 인해 그려진
우연의 미학을 믿어보려 합니다.

Episode
36

실패는 성공을 품은 알

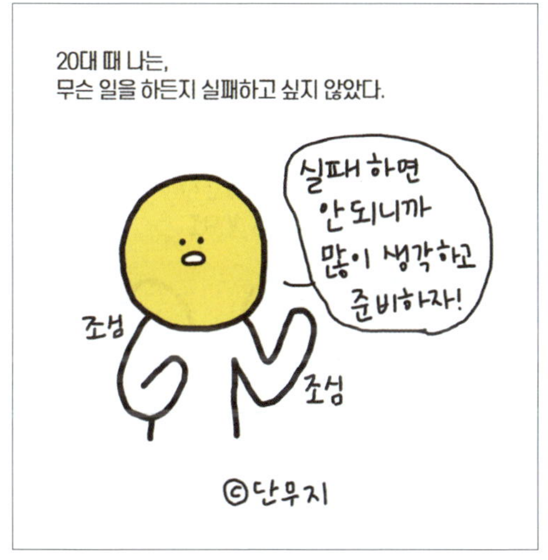
20대 때 나는,
무슨 일을 하든지 실패하고 싶지 않았다.
실패하면
안 되니까
많이 생각하고
준비하자!
조심
조심
ⓒ단무지

하지만 30대가 되고 나서 배운 것은
성공은 실패 안에 있다는 것이다.

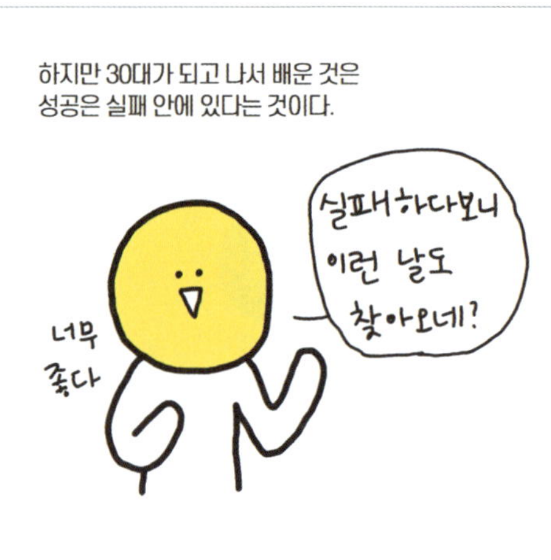

성공은 마치 실패라는 알 안에
복불복으로 들어있는 보물 같은 것인데,

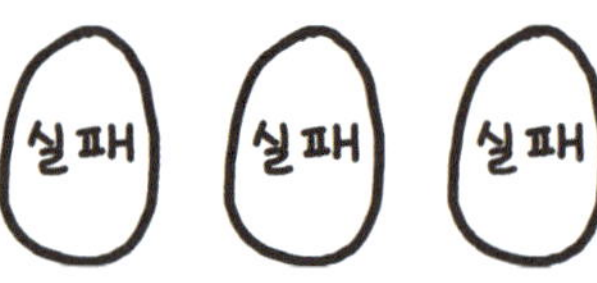

고심해서 하나를 깨나, 아무렇게나 휘두르다 깨나
깨지는 것은 마찬가지이기 때문에

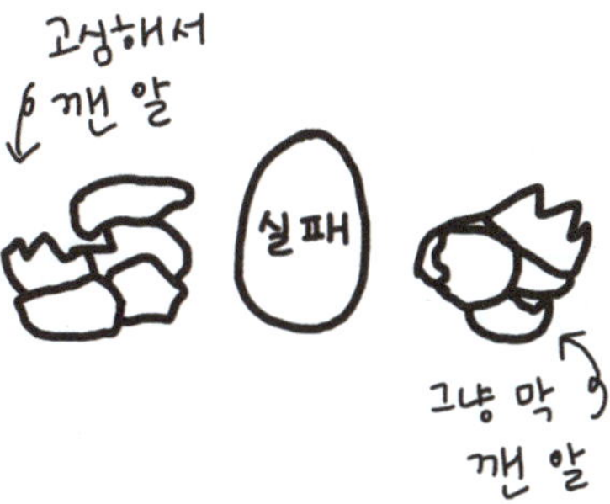

확률상 더 많이 깬 사람이
더 많은 성공을 할 수 있게 되는 것이다.

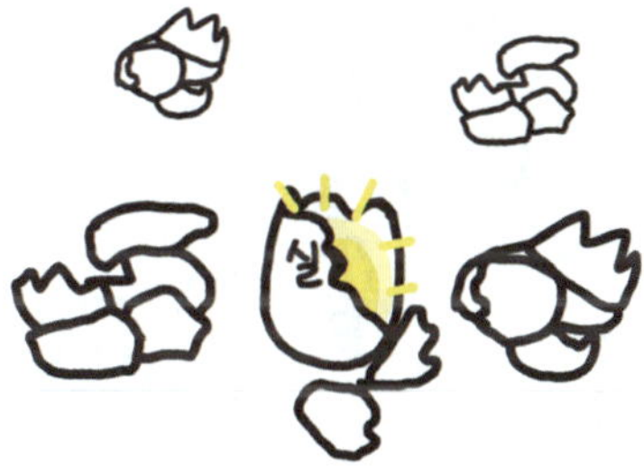

213

그래서 이제는 더 많이 도전하고 실패하려고 한다.

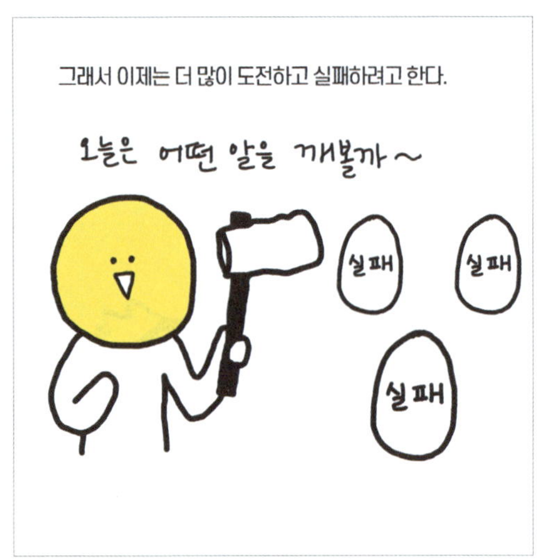

그러다 어느 날 환하게 빛나는 성공을
마주하게 될 것이라는 희망을 품고 말이다.

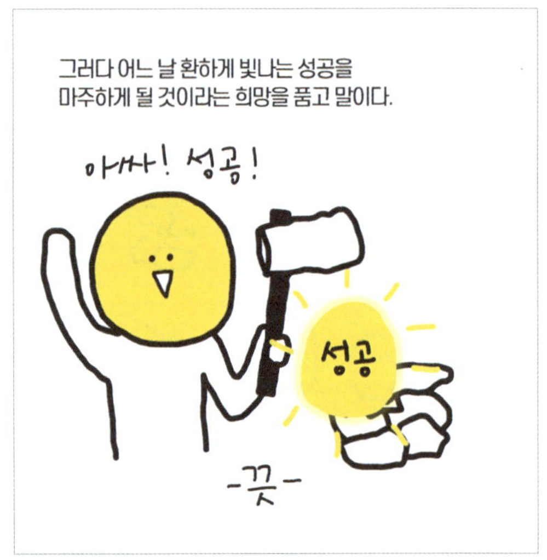

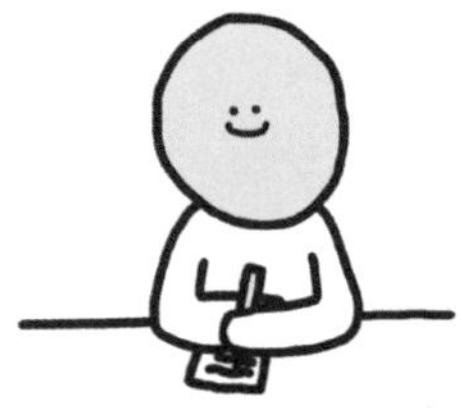

실패하는 것이 싫어
늘 많은 준비와 생각을 하곤 했습니다.

하지만 내가 실패라 생각했던 일에서
우연히 좋은 결과가 나오기도 하는 것을 보면서,
성공은 실패 안에 있다는 것을
배우게 되었습니다.

고심해서 도전하나,
아무렇게나 도전하나,
결국 도전한다는 것에서 같은 것이기 때문에
생각보다 행동이 앞서기로 했습니다.

그러다 보면 어느새
성공에 가까워져 있겠지요.

Think Simple!

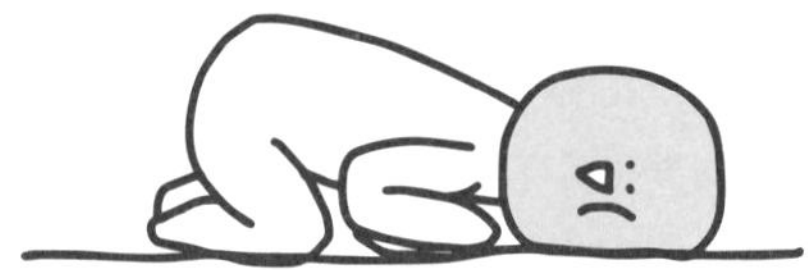

Episode
37

실패했을 때
긍정적으로 생각해야 하는 이유

긍정적으로 생각하면 자신감이 생기고
하는 일이 잘되는 선순환 구조가 되는데

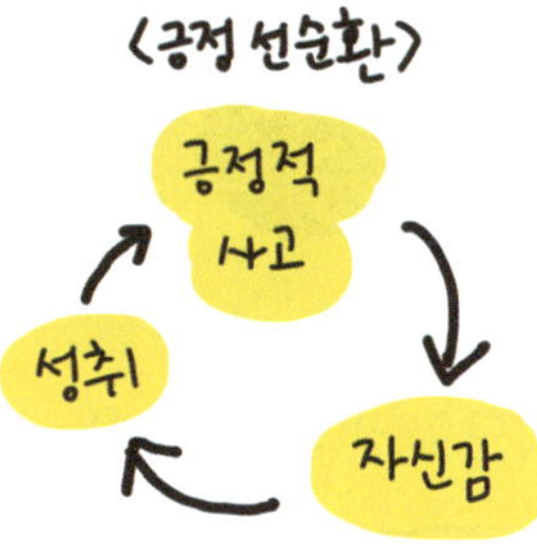

부정적인 생각도 마찬가지로 자신감을 떨어뜨리면서
될 일도 안 되게 하는 악순환의 굴레로 들어가게 만든다.

가장 안타까운 것은, 부정적인 생각은
자신에게 있는 능력조차도
제대로 발휘하지 못하게 한다는 것이다.

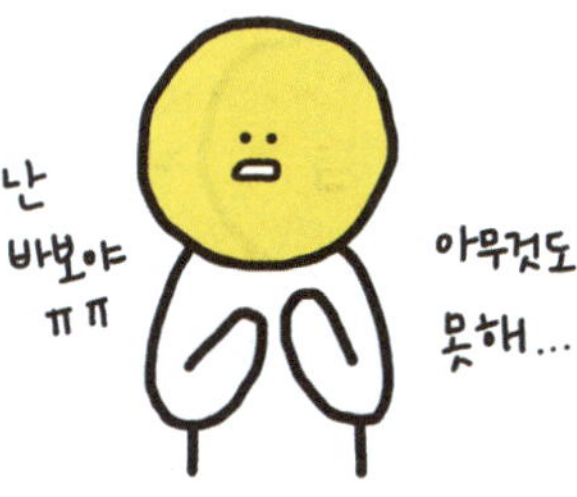

그래서 실패했을 때 더 긍정적으로 생각해야 한다.

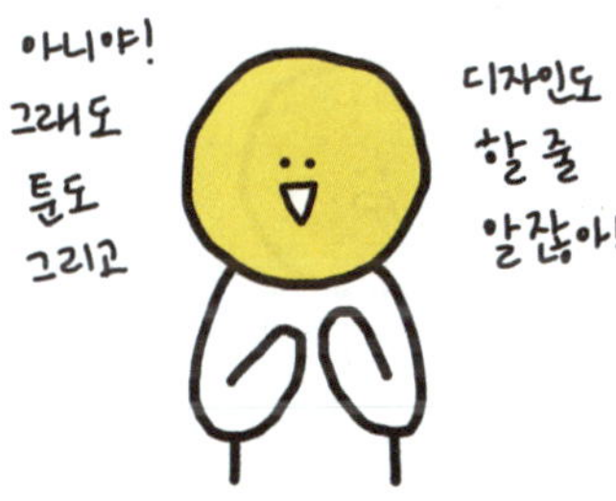

물론 실패했을 때 긍정적으로 생각하기란
쉽지 않은 일이다.

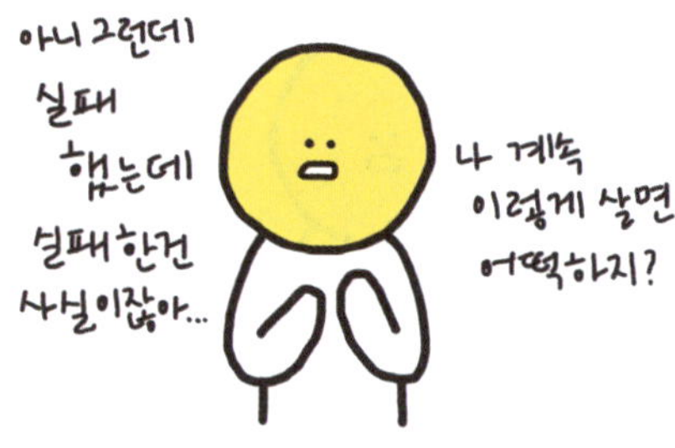

실패의 원인을 가장 먼저 나 자신에게서 찾기 때문이다.

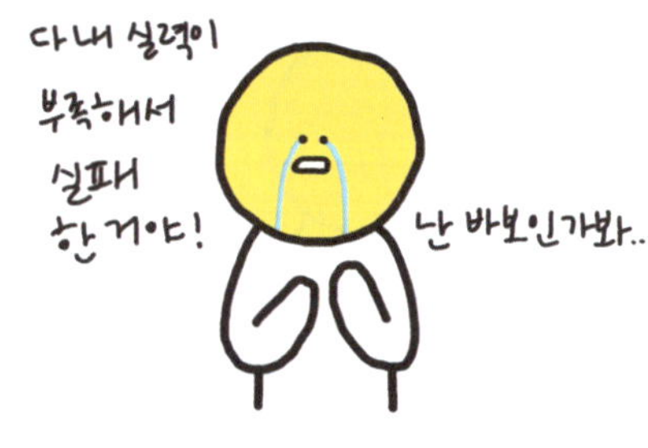

하지만 부정적인 굴레에 빠져 시간을 낭비하기엔
나에게 주어진 인생이 너무 귀하기에

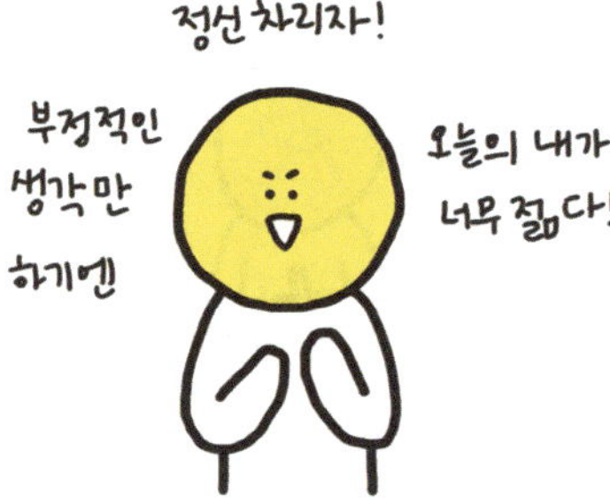

과할 정도로 스스로를 다독이고 응원하기로 했다.
다시 일어서고 도전하기 위해서!

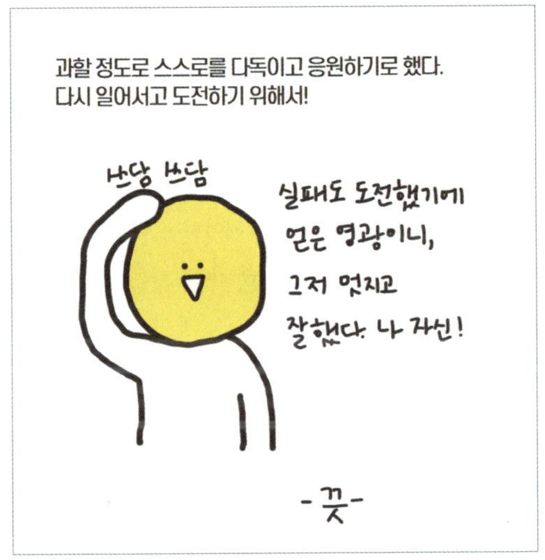

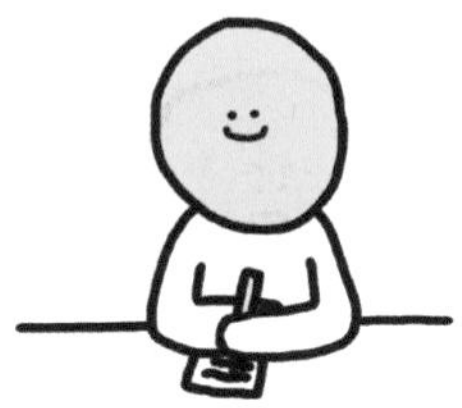

긍정적인 사고는 자신감을 갖게하고,
성취로 이어지게 하는
선순환 구조를 갖고 있는데요.

부정적인 생각도 마찬가지로
자신감을 하락하게 하고,
실패로 이어지게하는 악순환 구조를 갖게 합니다.

그래서 실패했을 때
더욱 긍정적으로 생각해야하는 이유가
여기에 있습니다.

부정적인 생각을 하기엔
우리의 인생이 너무 아까우니까요.

인생 노잼시기 극복방법

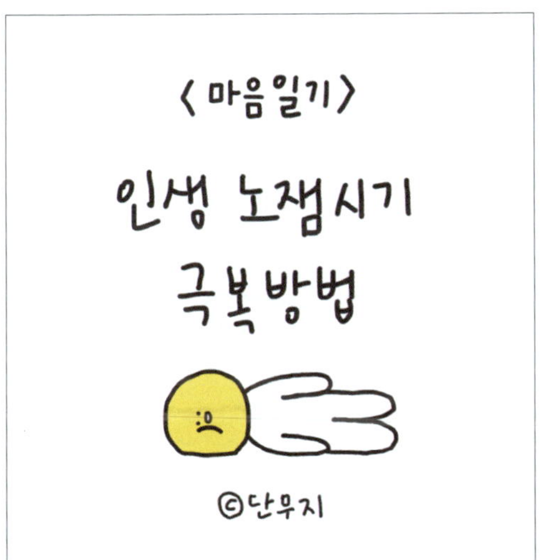

인생 노잼시기가 왔다.

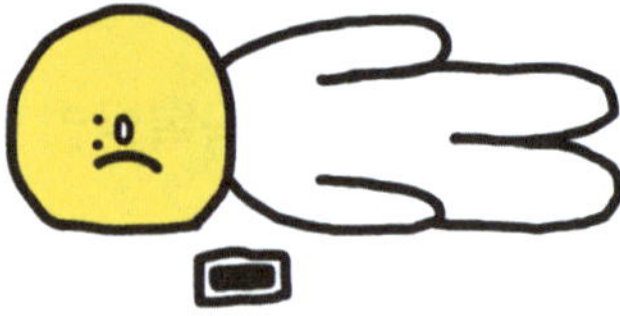

그러다 한 글을 보게 되었는데

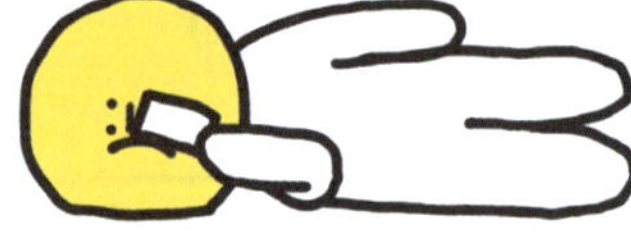

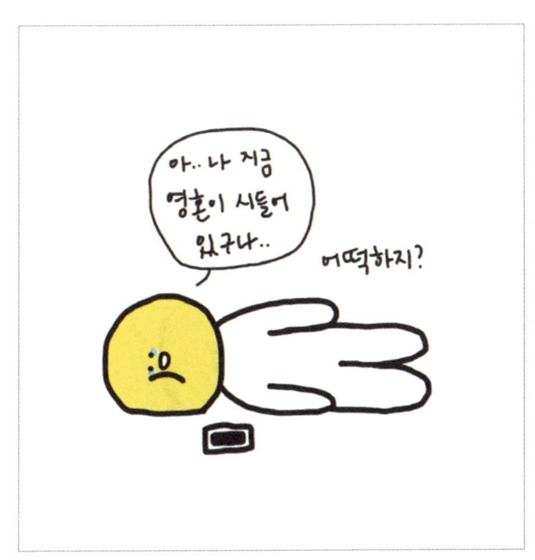

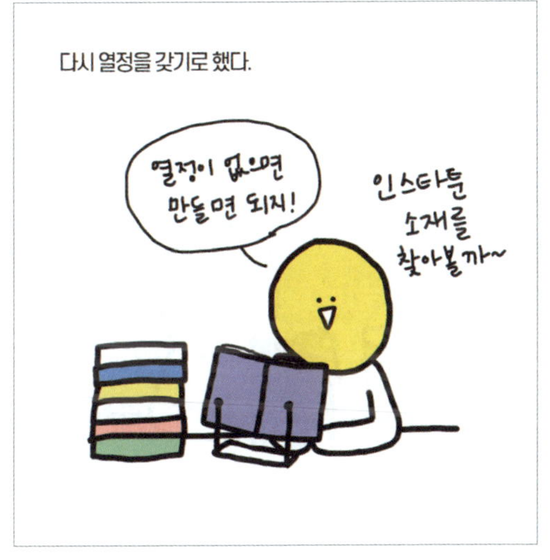
다시 열정을 갖기로 했다.

그리고 태도는 습관이라는 생각을 하게 되었다.

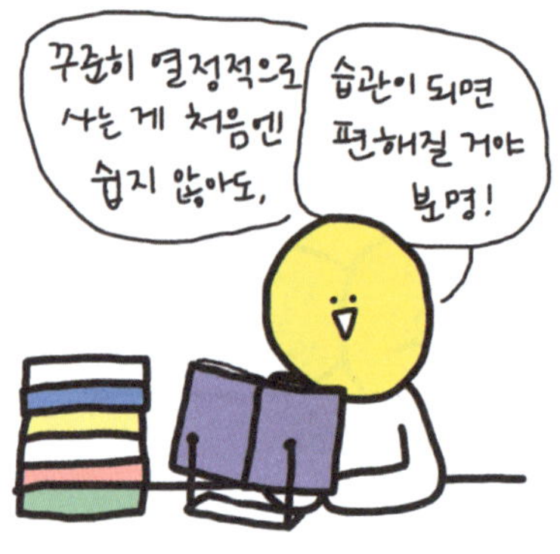

꾸준히 열정적으로 사는 게 처음엔 쉽지 않아도,
습관이 되면 편해질 거야 분명!

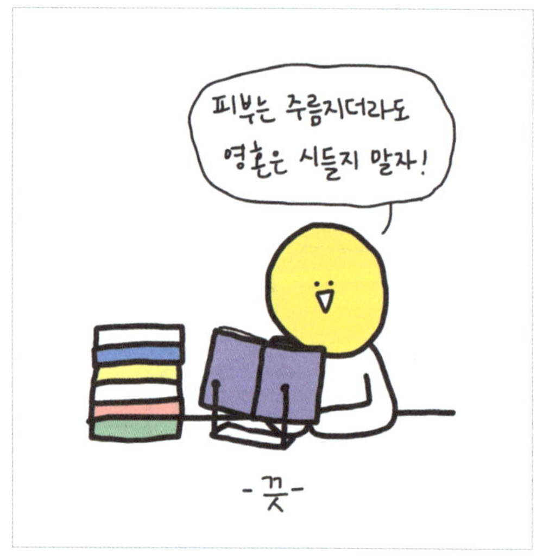

피부는 주름지더라도 영혼은 시들지 말자!
-끝-

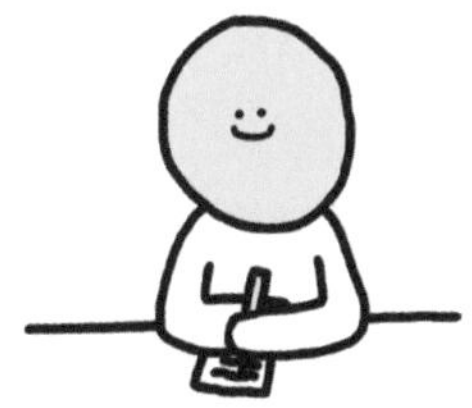

피부에 주름이 늘어나는 것 보다
더 슬픈 것은,
열정을 잃어 영혼이 늙는 것입니다.

하지만 괜찮습니다.
열정을 잃었다면
열정을 다시 갖으면 됩니다.

이런 태도 또한 습관이기 때문에
꾸준히 열정을 갖는 것이
처음에는 쉽지 않아도,
습관이 되면 편해질 거에요!

피부는 주름지더라도,
영혼은 늙지 말자고요!

Think Simple!

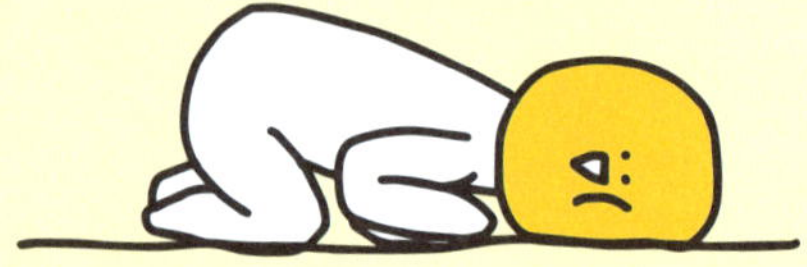

하기 싫다는 생각이 들 때

하루는 내가 벌여놓은 일 때문에 버거운 날이었다.

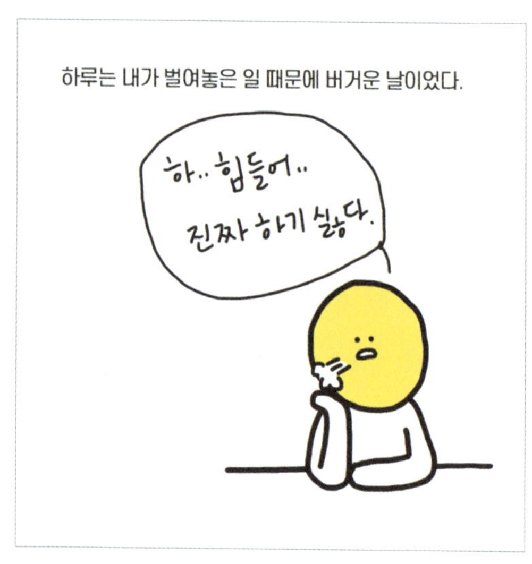

그러다 문득 이런 생각이 들었다.

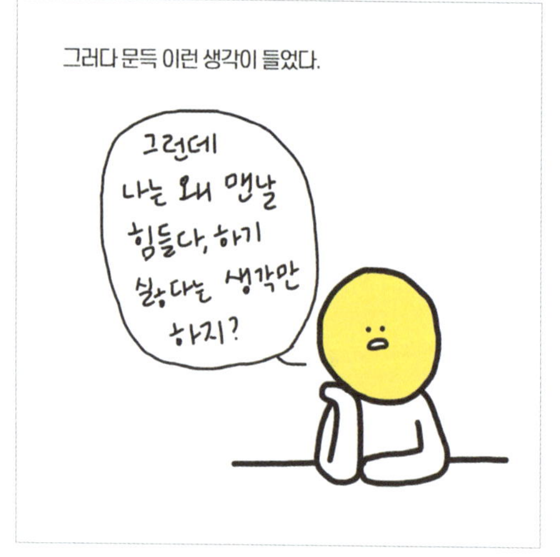

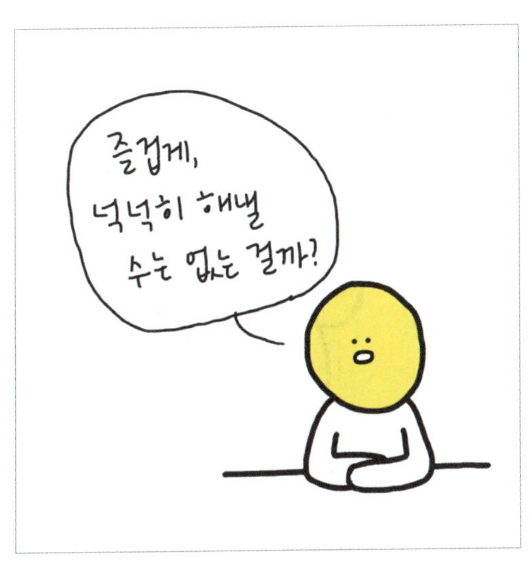

순간, 이것도 습관이라는 것을 깨달았다.

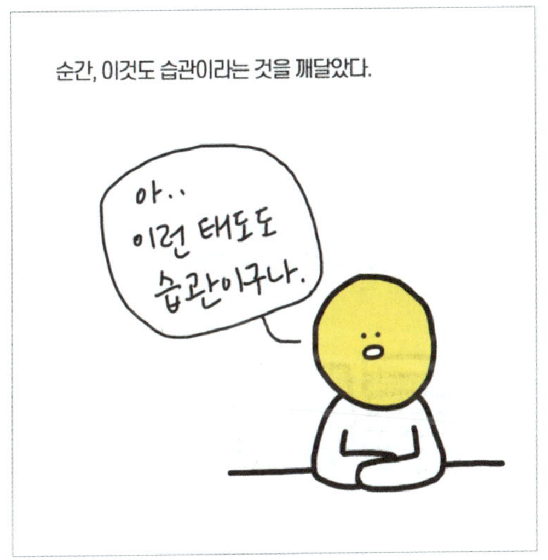

근육이 생기려면 근육통을 견뎌내야 하듯
실력이 쌓이려면 힘든 과정을 견뎌야 한다.

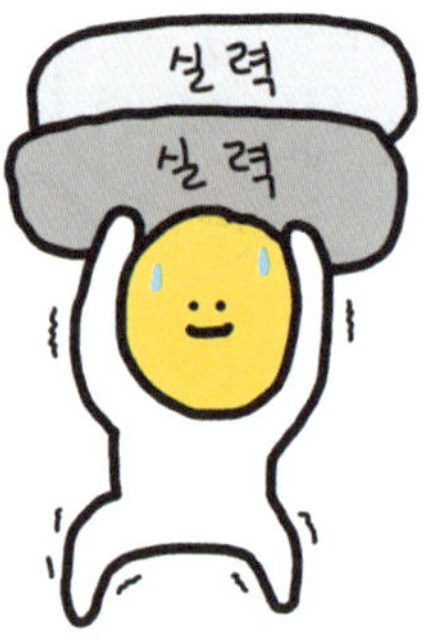

그래서 이제는 이 힘듦을 당연한 것으로 여기려고 한다.

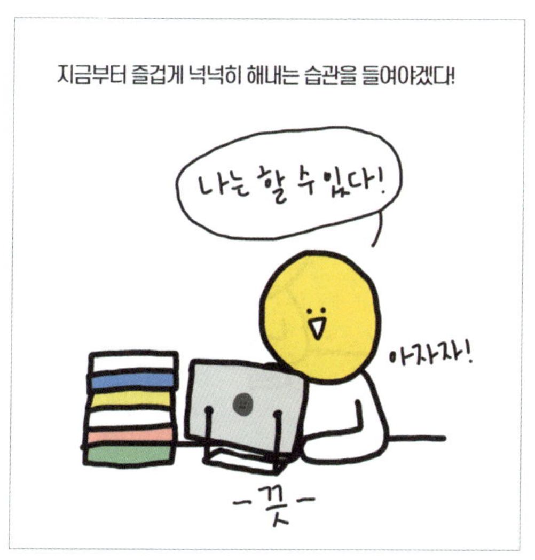

지금부터 즐겁게 넉넉히 해내는 습관을 들여야겠다!
나는 할 수 있다!
아자자!
-끗-

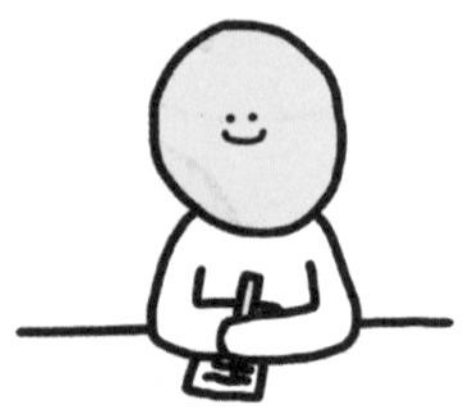

어떤 일을 할 때, 결국은 해내지만
그 과정 속에서
하기 싫어하면서 해낼 것인지,
즐겁게 해낼 것인지에 대한
문제가 있습니다.

즐겁게 넉넉히 해내는 것도,
하기 싫어서 억지로 해내는 것도
모두 습관의 영역이라는 것을
알게 되었어요.

힘든 것은 당연한 것이겠죠.
하지만 이제는 즐겁게
넉넉히 해내는 사람이 되어보자고요!

단순한 게 최고야

Think Simple

그냥 하면 돼

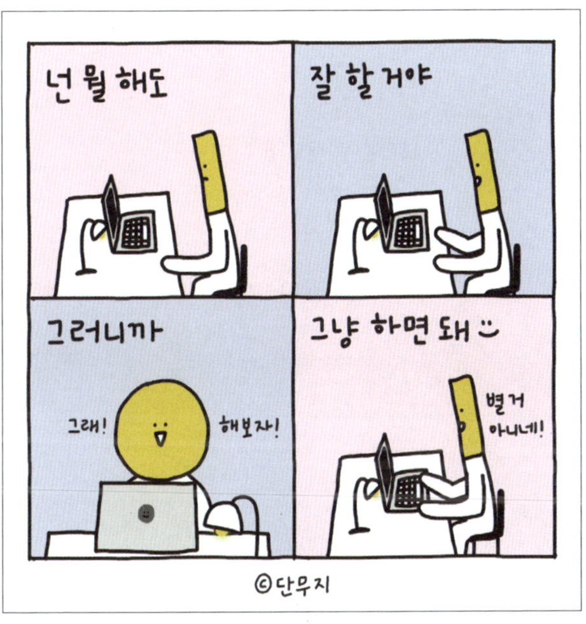

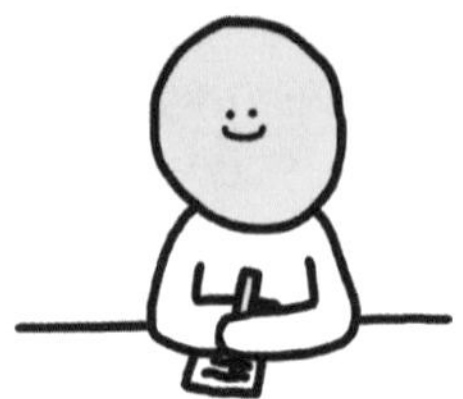

당신은 뭘 해도 잘 할 거에요!
그러니까 그냥 해봐요!

Episode
41

그러려니

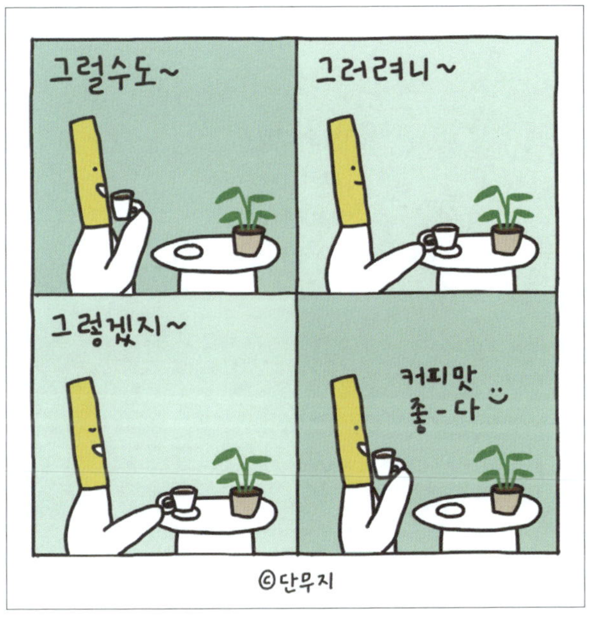

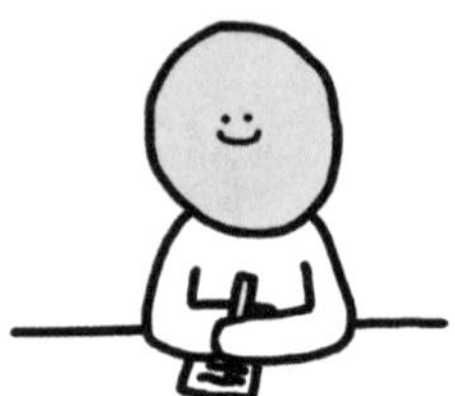

그럴수도 있지,
그러려니~
하고 넘기면
생각보다 마음의 여유가 생겨요.

Episode
42

달다구리

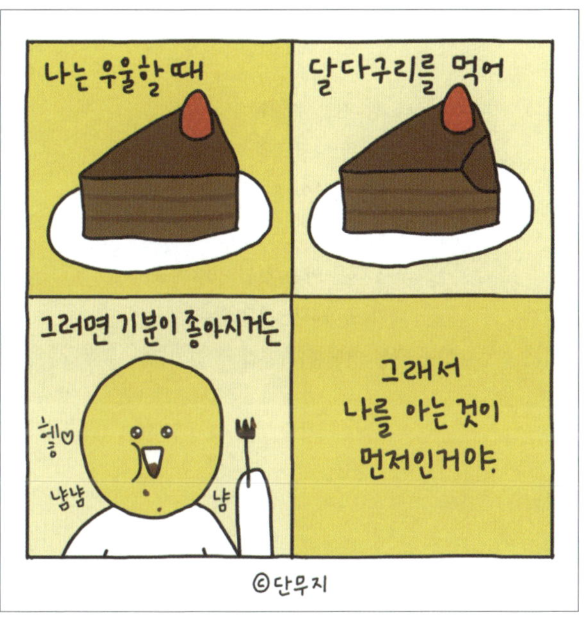

나는 우울할때
달다구리를 먹어
그러면 기분이 좋아지거든
헤헤♡
냠냠
냠
그래서
나를 아는 것이
먼저인거야.
ⓒ단무지

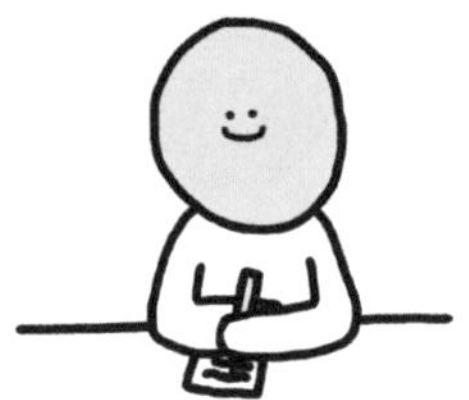

저는 우울할 때
달달한 디저트를 먹어요.
그러면 기분이 좋아지거든요.

그래서 나를 아는 것이 먼저에요.
내가 좋아하는 것을 알아야
힘들 때를 지혜롭게 넘길 수 있거든요.

Episode
43

오히려 좋아

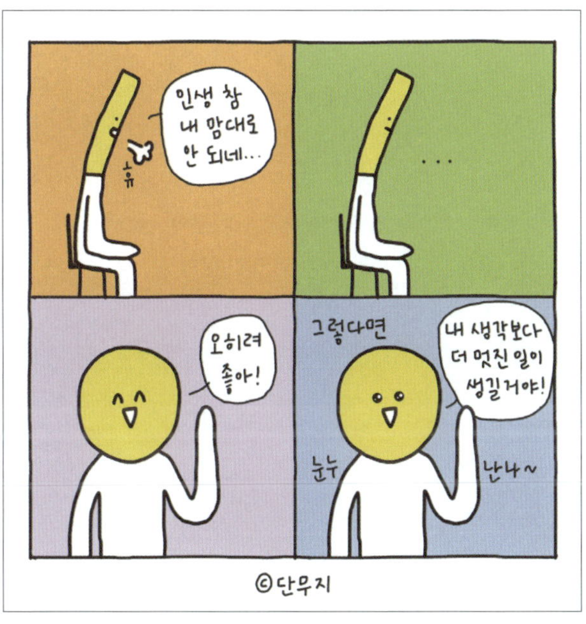

인생 참 내 맘대로 안 되네...
휴
...
오히려 좋아!
그렇다면
내 생각보다 더 멋진 일이 생길거야!
눈누
난나~
ⓒ단무지

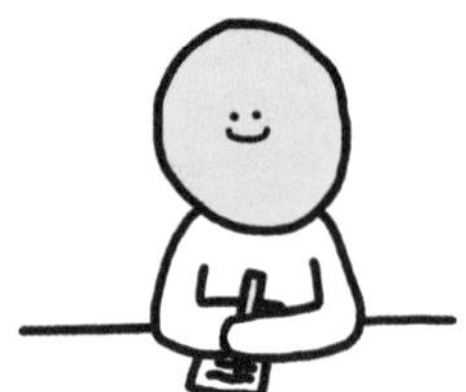

내 맘대로 되지 않는 인생,
오히려 좋다고 여기기로 했어요.

내 맘대로 되지 않기 때문에
내 생각보다 더 멋진 일이
생길 수도 있기 때문이에요!

인생은 초콜릿 상자

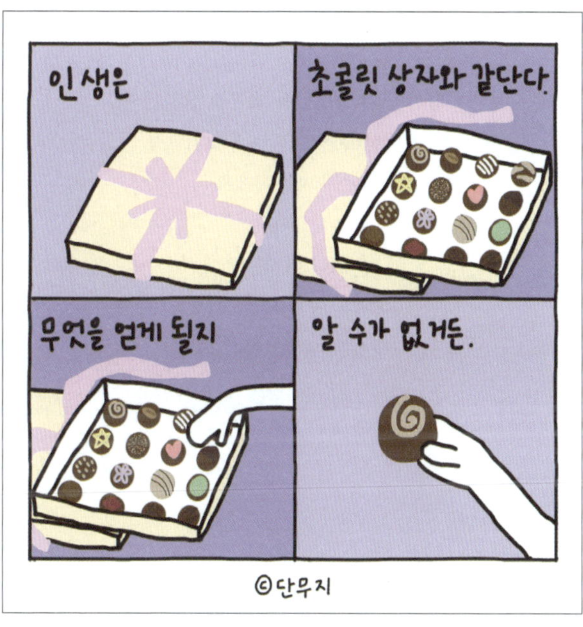

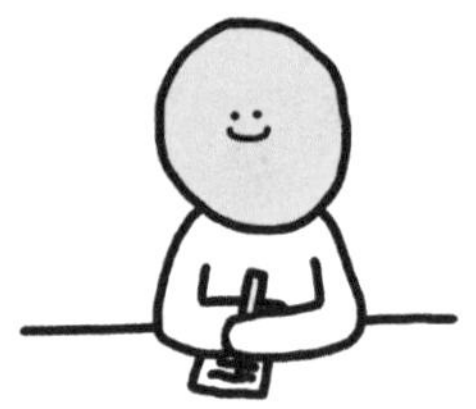

영화를 보다가
인생은 초콜릿 상자와 같다는
대사가 있었어요.

다양한 맛이 들어있는 초콜릿 상자에서
어떤 초콜릿을 얻게 될지
모르기 때문이에요.

그럼 어때요.
어쨌든 얻게 되는 것은
맛있는 초콜릿인걸요!

할 수 있다

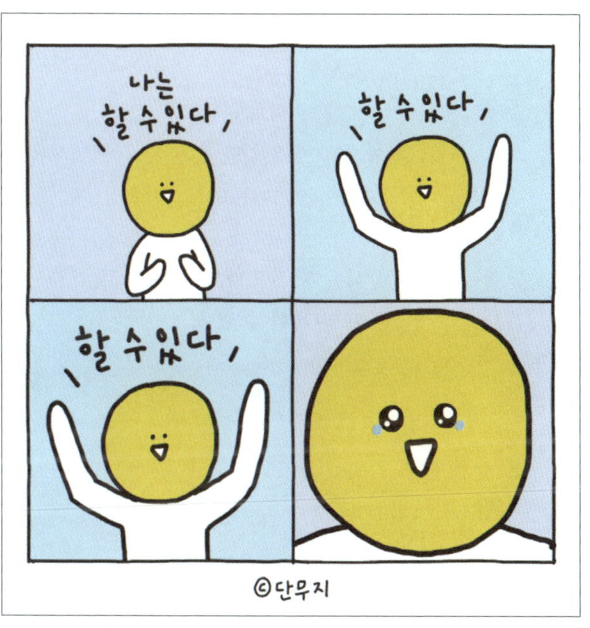

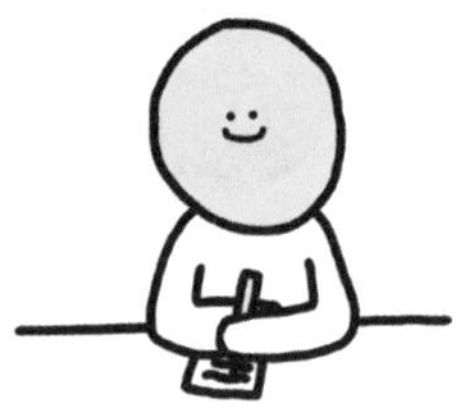

할 수 없을 것 같을 때에는,
'할 수 있다'를
계속 외쳐봐요.

그러면 어느새
진짜 할 수 있을 것만 같은
마음이 생기거든요.

나는 할 수 있다,
할 수 있다, 할 수 있다!

흘러가는 대로 살기로 했다

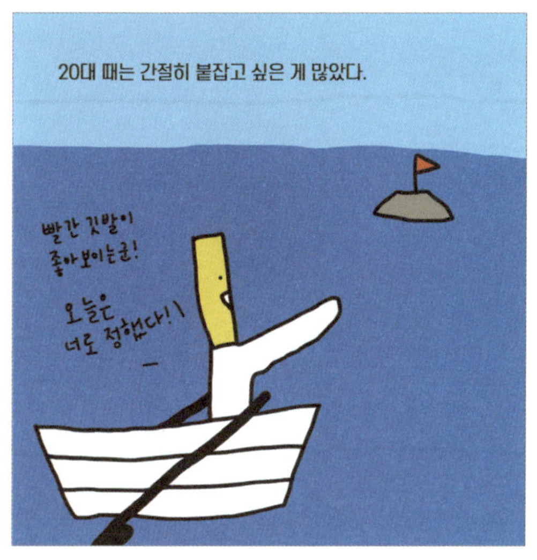

20대 때는 간절히 붙잡고 싶은 게 많았다.

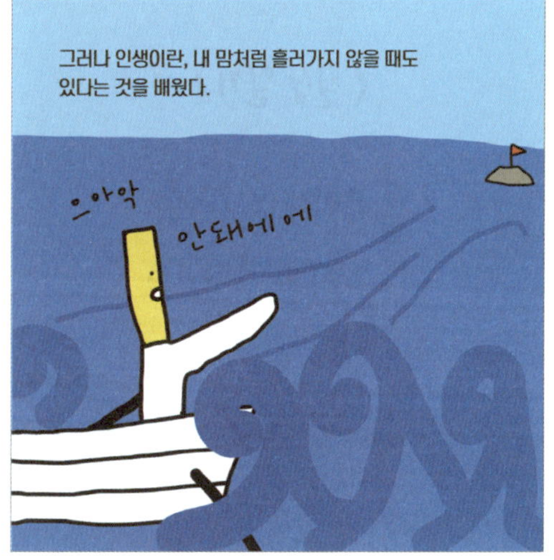

그러나 인생이란, 내 맘처럼 흘러가지 않을 때도
있다는 것을 배웠다.

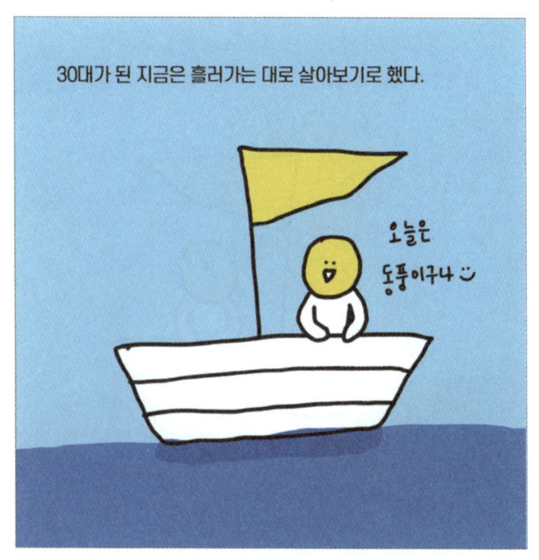

30대가 된 지금은 흘러가는 대로 살아보기로 했다.
오늘은
동풍이구나

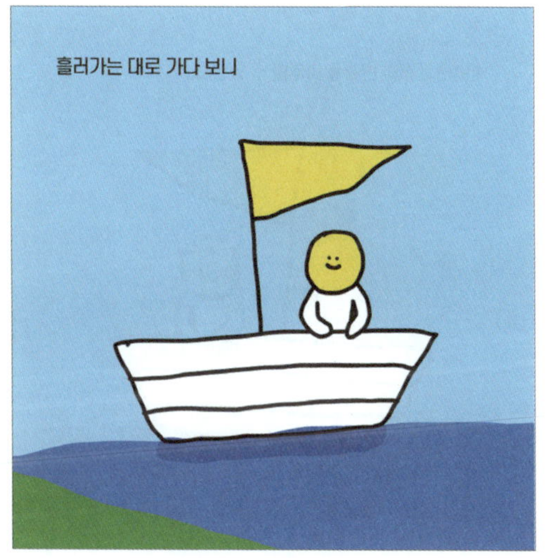

흘러가는 대로 가다 보니

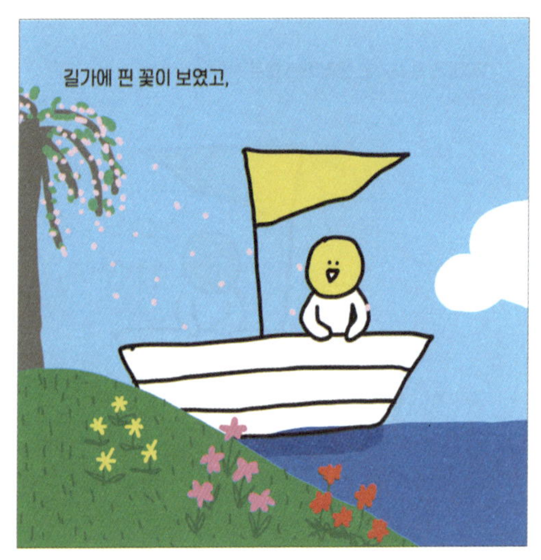

길가에 핀 꽃이 보였고,

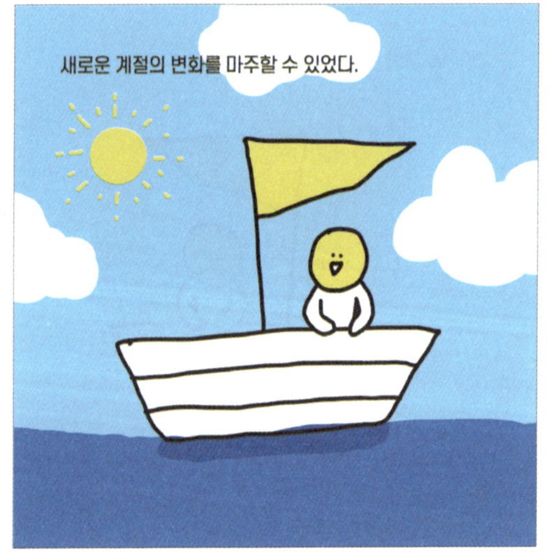

새로운 계절의 변화를 마주할 수 있었다.

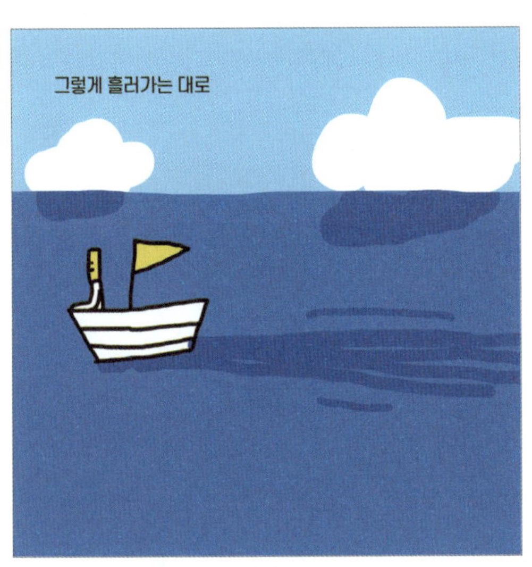
그렇게 흘러가는 대로

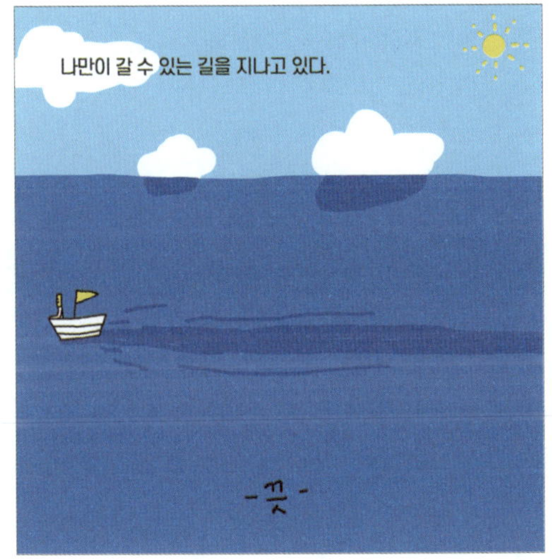
나만이 갈 수 있는 길을 지나고 있다.
- 끝 -

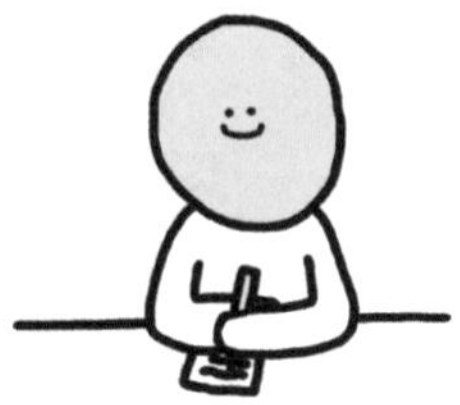

어쩌면
꼭 이 길이여야만 된다는
아등바등한 삶이,

오히려 나만이 걸을 수 있는 길이
아닌 것 같다는 생각이 듭니다.

그래서 저는,
30대의 여정을 흘러가는 대로
나만이 갈 수 있는 길을
가보기로 했어요!

어떤 여정이 될지 너무 기대되네요!

커피 한 잔의 여유

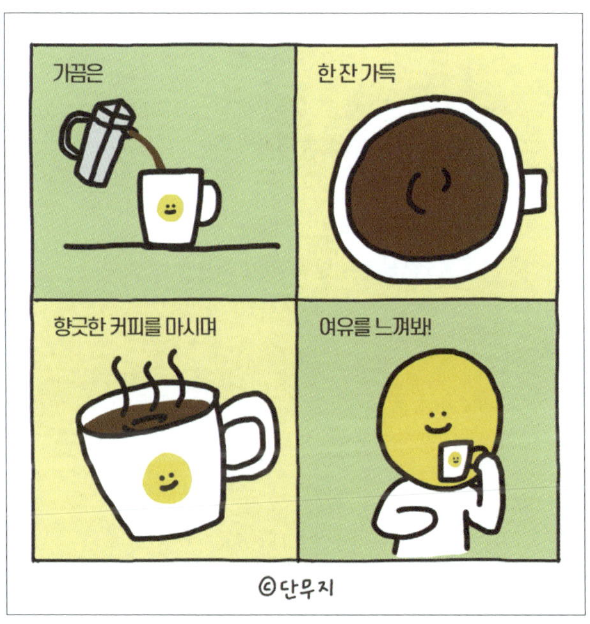

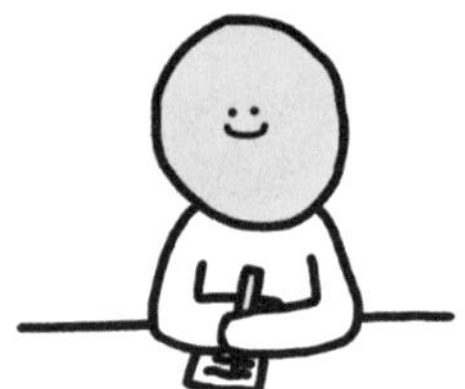

가끔은
향긋한 커피를
한 잔 가득 담아
여유를 누려보아요.

오늘의 여유는
오늘만 누릴 수 있기 때문에.

Episode
48

현재를 사는 법

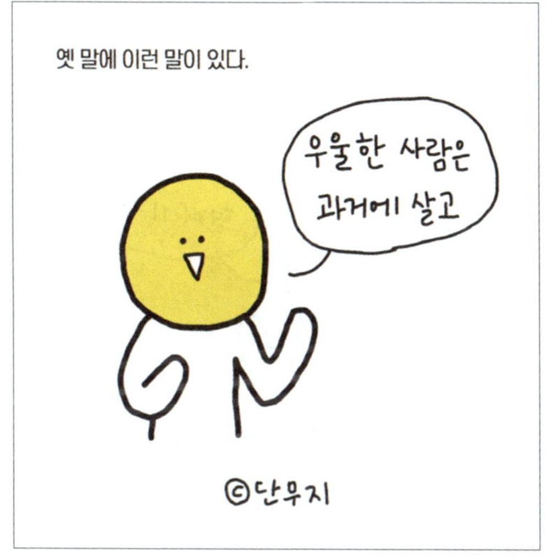

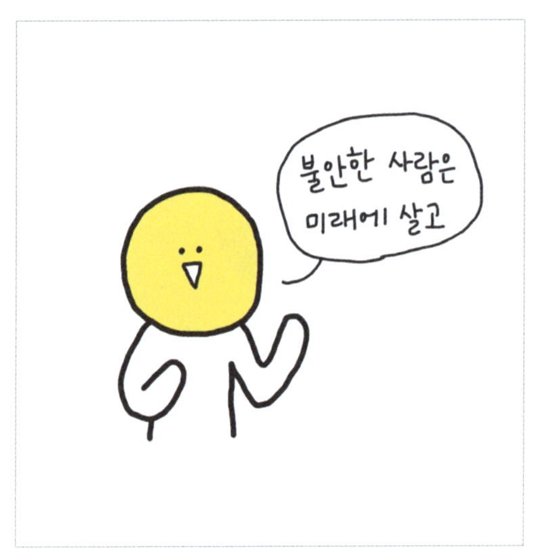

불안한 사람은
미래에 살고

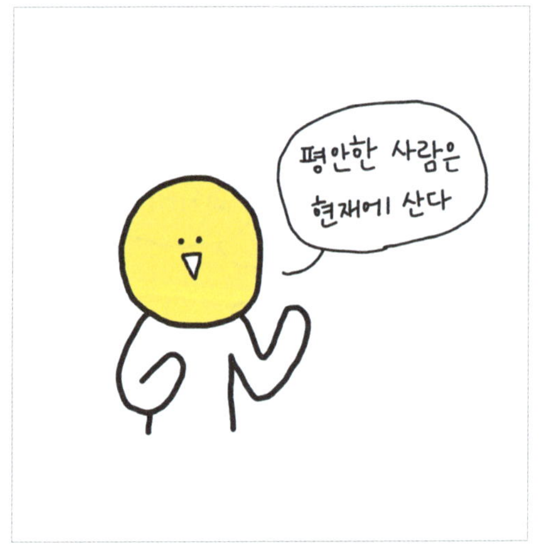

평안한 사람은
현재에 산다

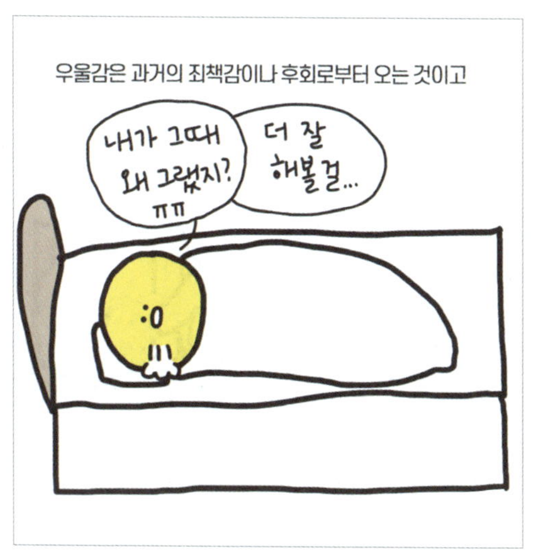

우울감은 과거의 죄책감이나 후회로부터 오는 것이고
내가 그때 왜 그랬지? ㅠㅠ
더 잘 해볼걸...

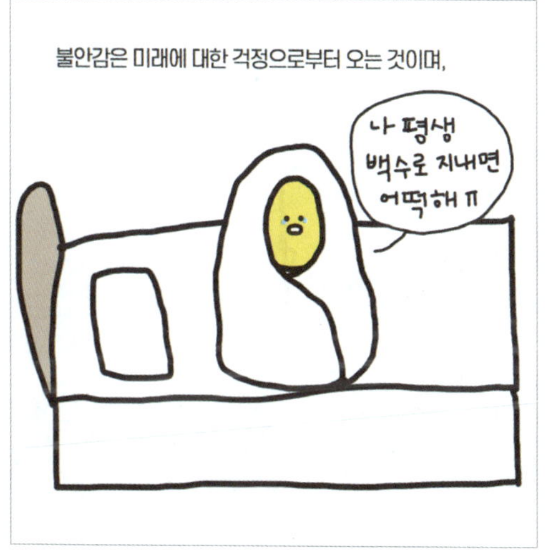

불안감은 미래에 대한 걱정으로부터 오는 것이며,
나 평생 백수로 지내면 어떡해 ㅠ

결국 현재에 충실한 것이 가장 행복한 삶이라는 뜻이다.

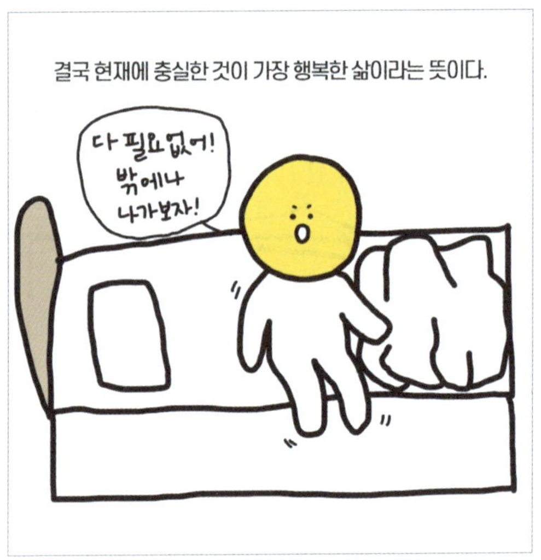

과거와 미래에 집중된 마음을 현재로 가져오는 것이
문제인데, 여기에 쉽고 간단한 방법이 하나 있다.

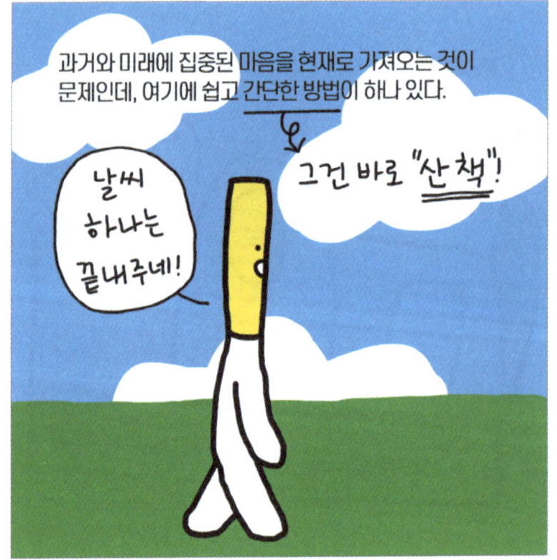

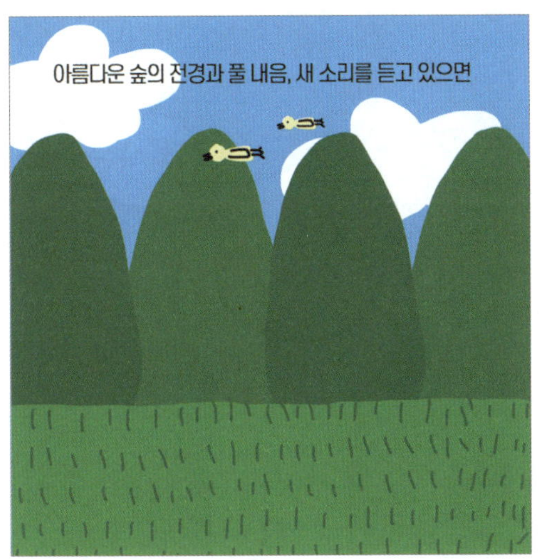

아름다운 숲의 전경과 풀 내음, 새 소리를 듣고 있으면

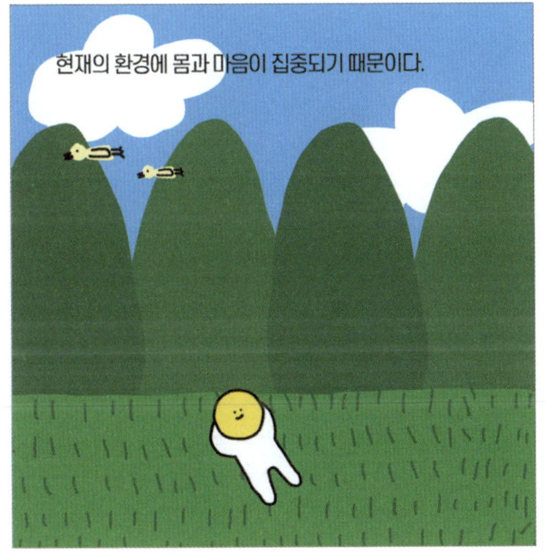

현재의 환경에 몸과 마음이 집중되기 때문이다.

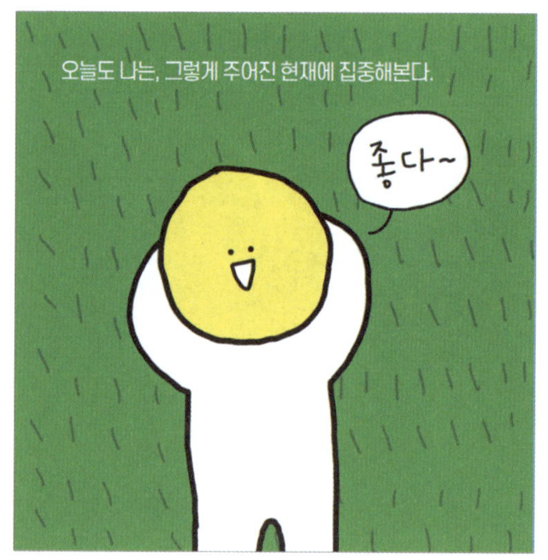

오늘도 나는, 그렇게 주어진 현재에 집중해본다.

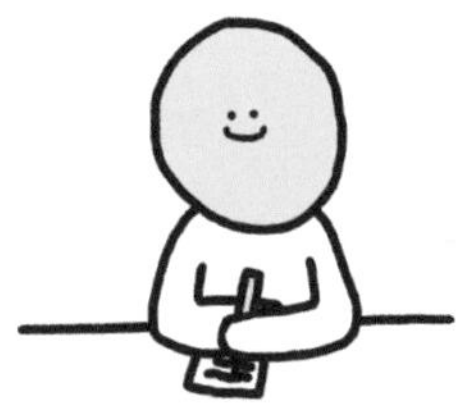

우울감은 과거,
불안감은 미래에 마음이 가 있어서
생기는 거라는 옛 말이 있습니다.

하지만 현재를 사는 사람은
평안하다는 말이 참 와 닿았어요.

현재에 집중할 수 있는 것이라면
그 무엇이어도 좋습니다.

내가 좋아하는 음악을 들어도 되고,
그림을 그려도 되고요.

Think Simple!

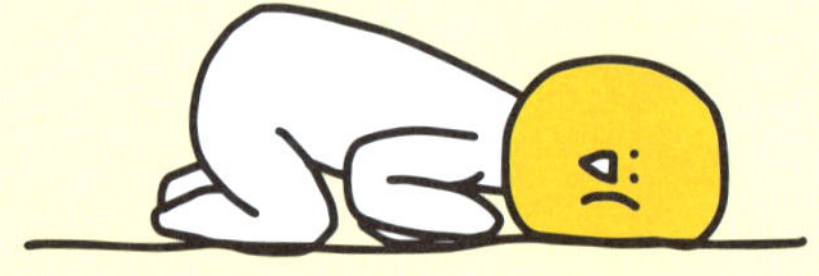

마음 먹은 만큼 행복하다

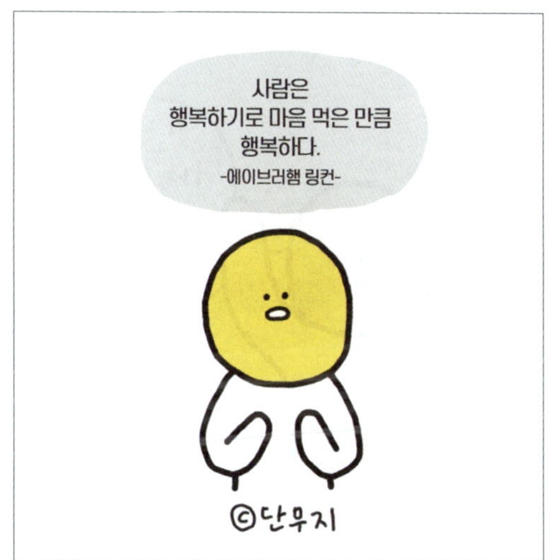

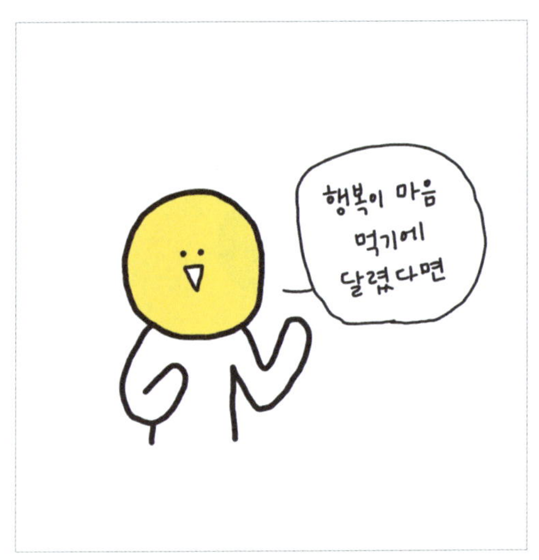

행복이 마음
먹기에
달렸다면

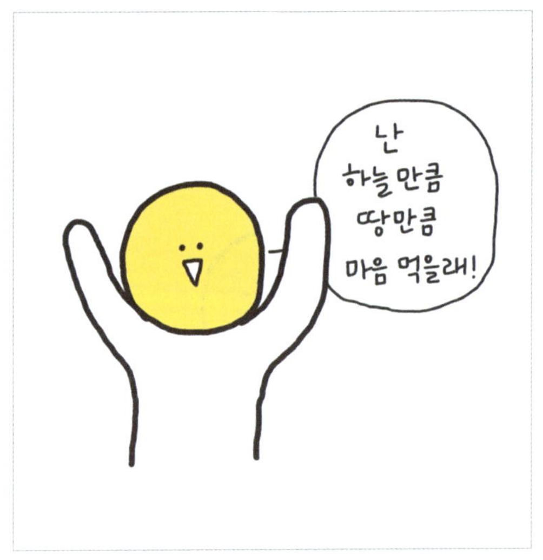

난
하늘만큼
땅만큼
마음 먹을래!

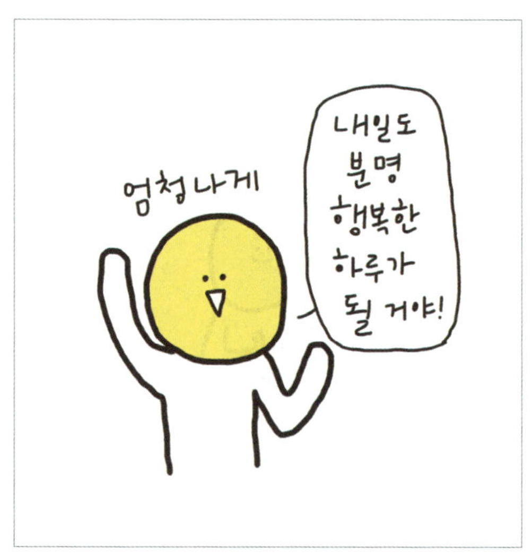

엄청나게
내일도
분명
행복한
하루가
될 거야!

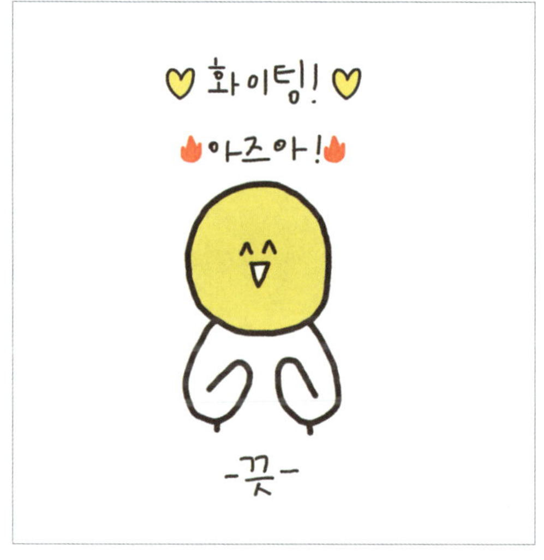

♡ 화이팅! ♡
아즈아!
-끗-

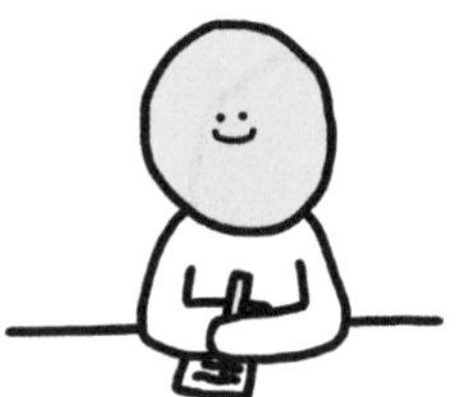

사람은
행복하기로 마음 먹은 만큼
행복하다는 명언이 있습니다.

마음 먹은 대로 행복해진다면
저는 하늘만큼 땅만큼 행복할래요!

인생은 태도가 중요하다

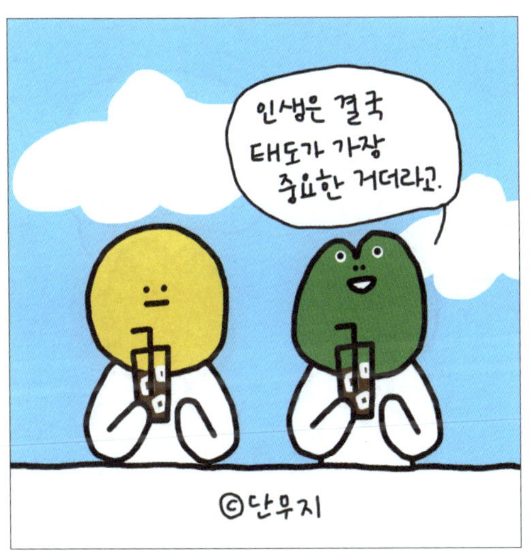

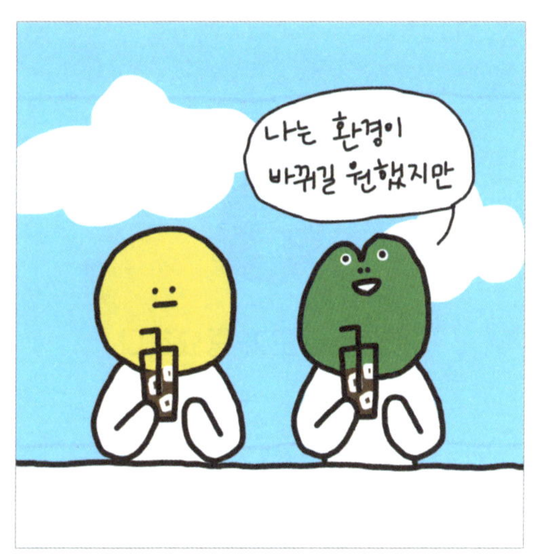

나는 환경이
바뀌길 원했지만

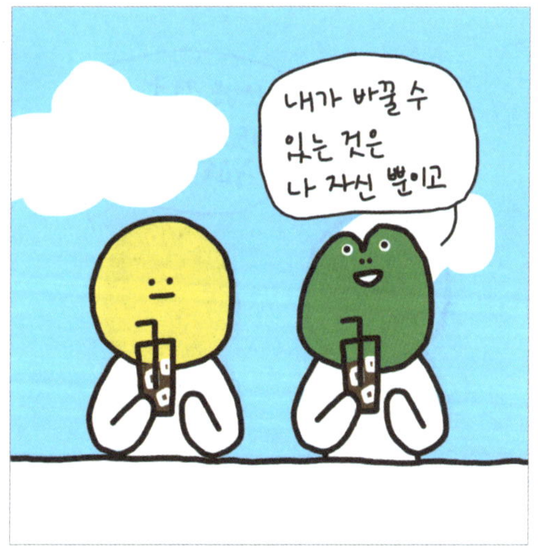

내가 바꿀 수
있는 것은
나 자신 뿐이고

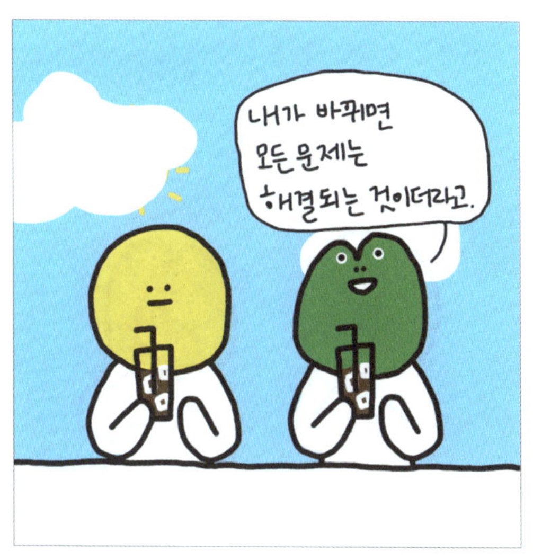

내가 바뀌면
모든 문제는
해결되는 것이더라고.

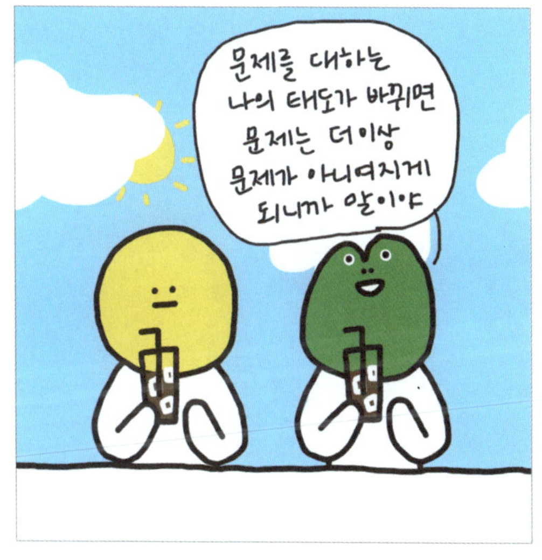

문제를 대하는
나의 태도가 바뀌면
문제는 더이상
문제가 아니여지게
되니까 말이야

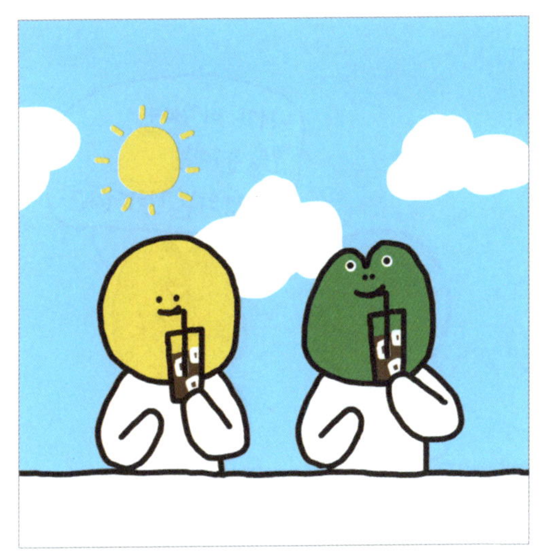

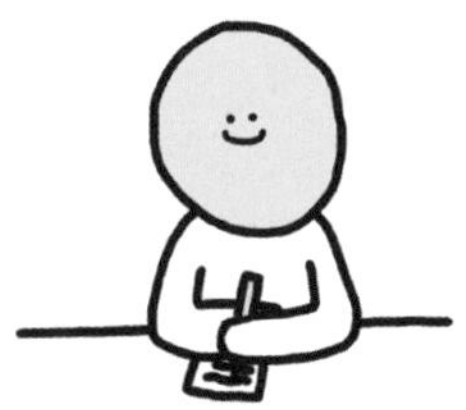

인생은 결국
태도가 가장 중요한 것 같더라고요.

환경은 내 맘대로 바꿀 수 없지만,
나 자신 곧 태도는
내 의지로 바꿀 수 있으니까 말이에요.

내가 바뀌면
모든 문제는 더이상
문제가 아닌 것이 되어지니까요.

Think Simple!

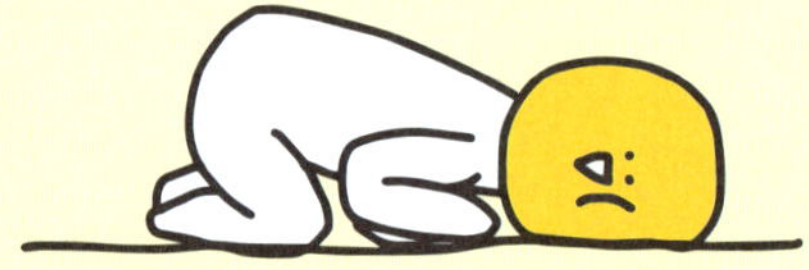

오늘부터 긍정

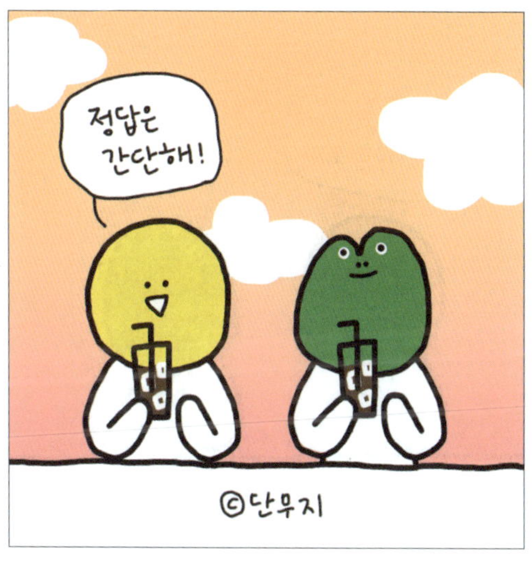

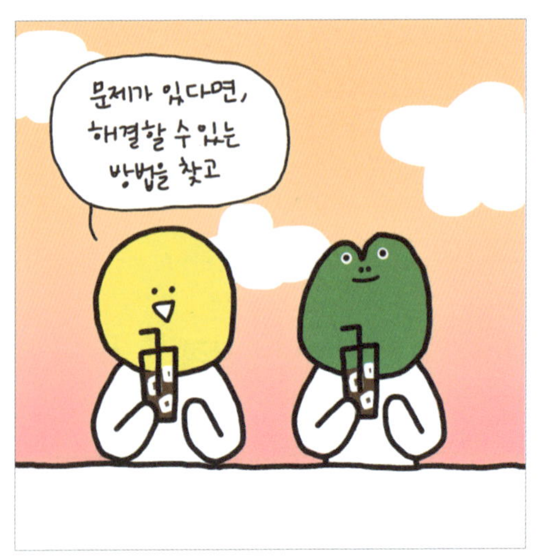

문제가 있다면,
해결할 수 있는
방법을 찾고

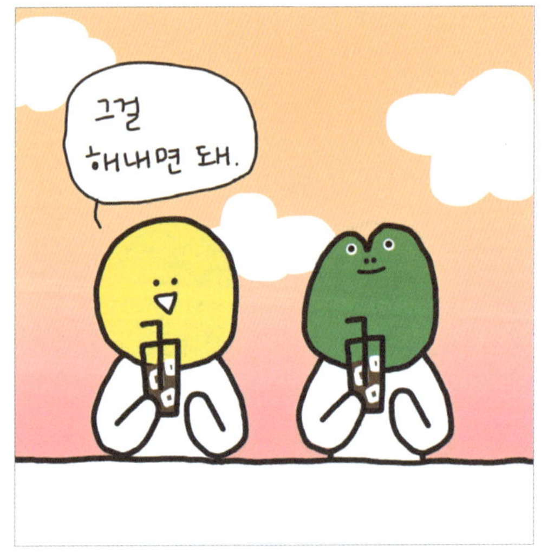

그걸
해내면 돼.

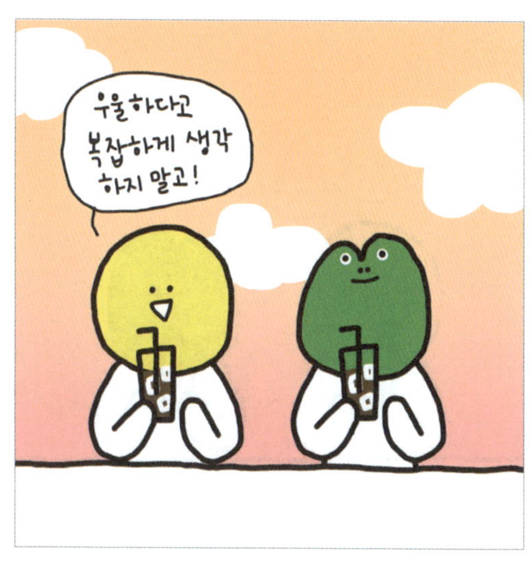
우울하다고
복잡하게 생각
하지 말고!

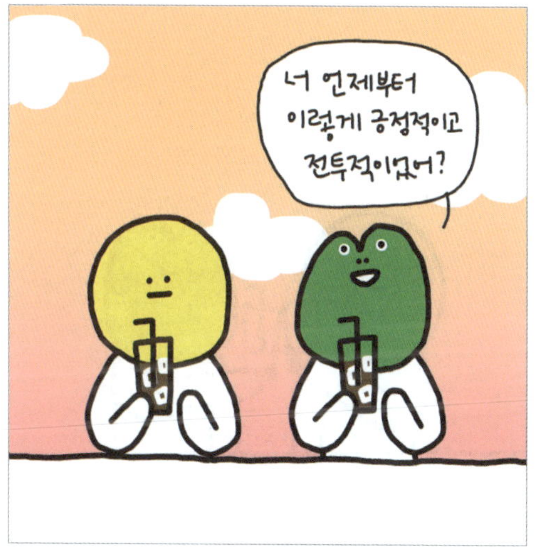
너 언제부터
이렇게 긍정적이고
전투적이었어?

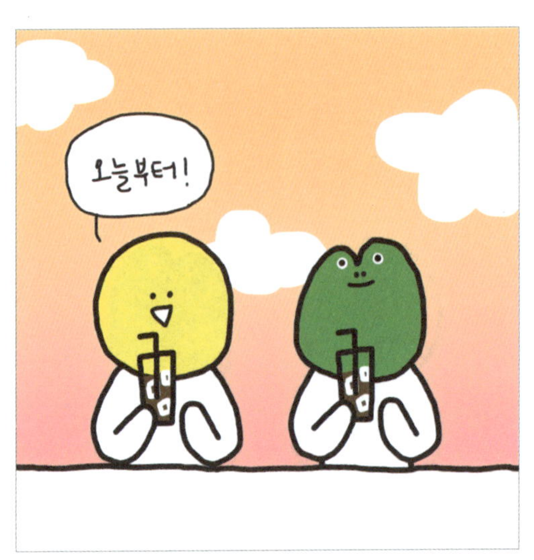
오늘부터!

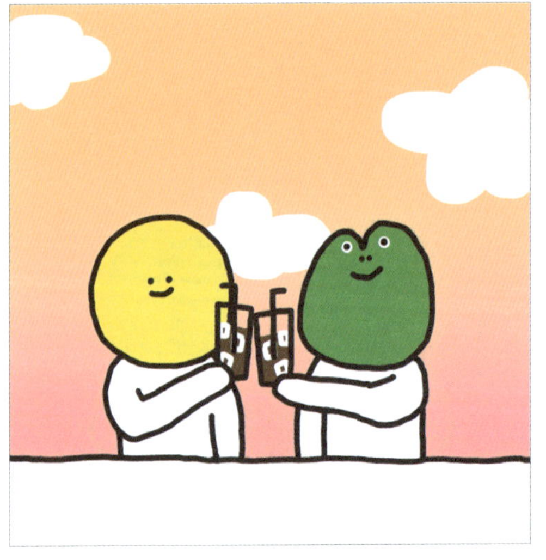

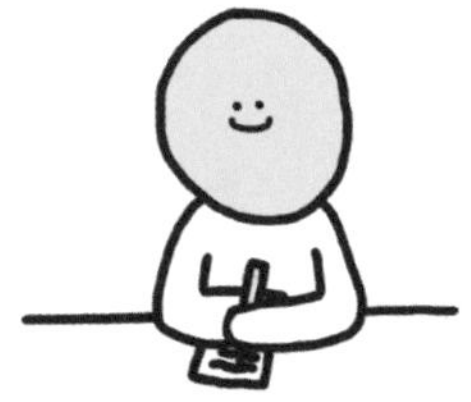

언제부터 이렇게 긍정적이었냐는
친구의 질문에
오늘부터라고 대답했습니다.

작심 일일이여도 괜찮아요.

매일 긍정적이기로 다짐하면
언젠가는 긍정적인 습관이
나를 이끌어가는 날이 올 거에요.

Think Simple!

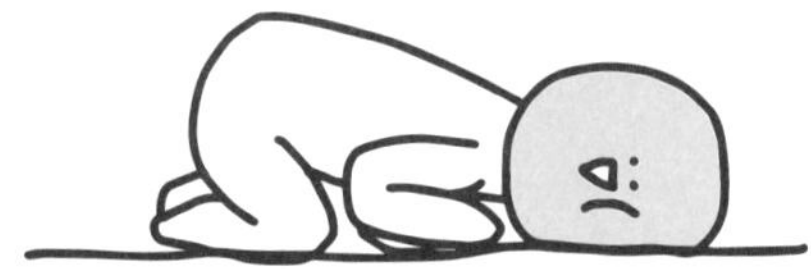

모든 것에 감사해

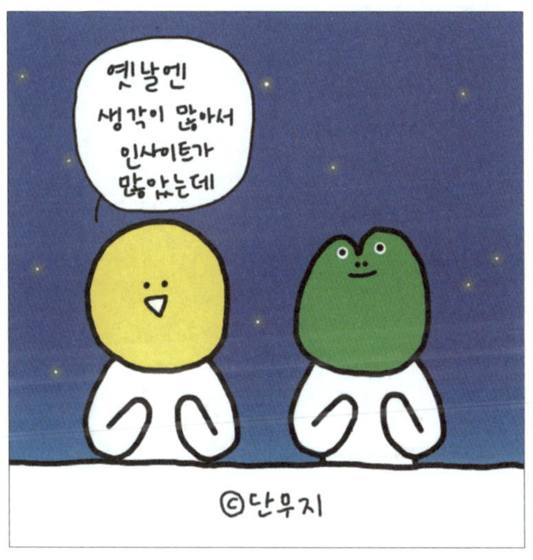

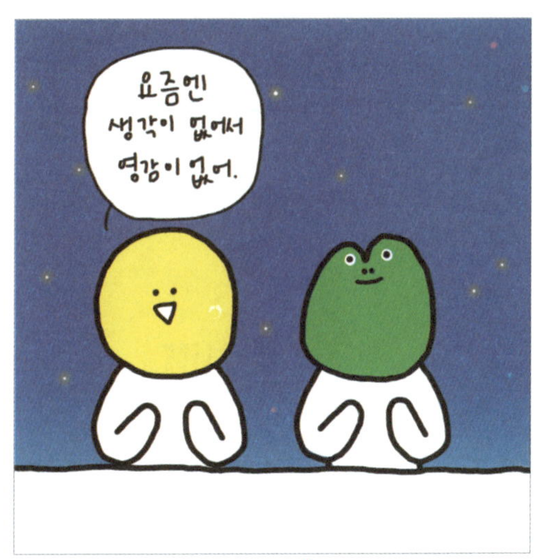

요즘엔
생각이 없어서
영감이 없어.

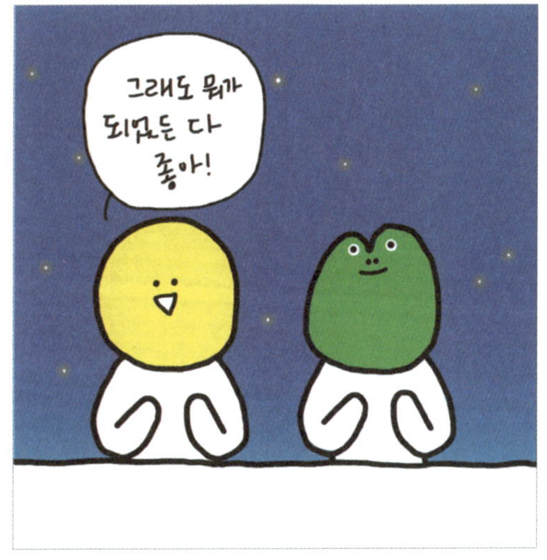

그래도 뭐가
되고픈 다
좋아!

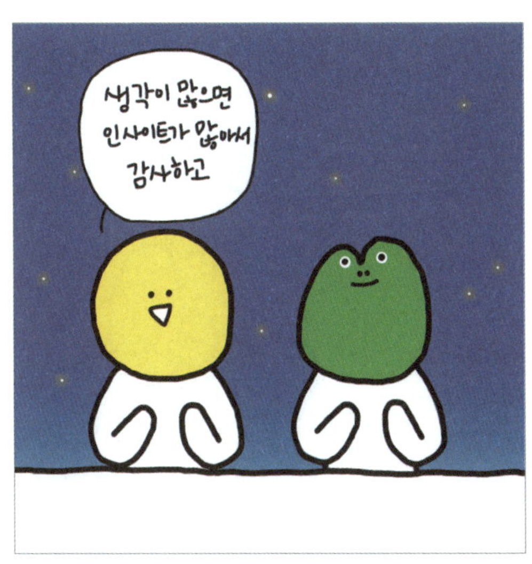

생각이 많으면
인사이트가 많아서
감사하고

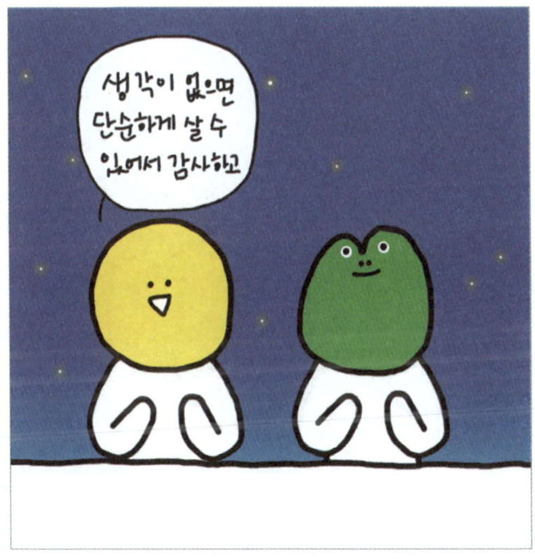

생각이 없으면
단순하게 살 수
있어서 감사하고

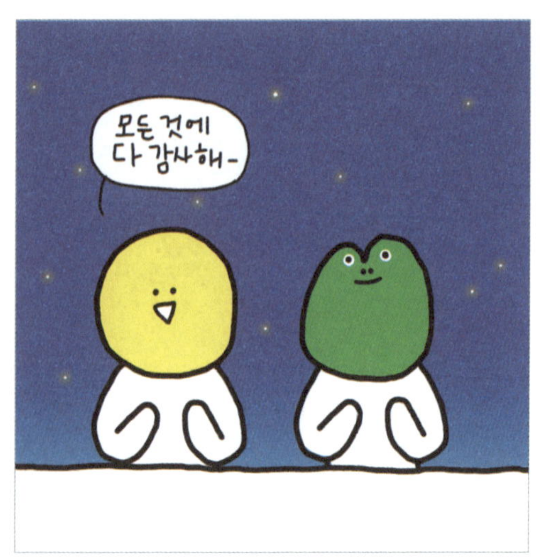

모든 것에
다 감사해-

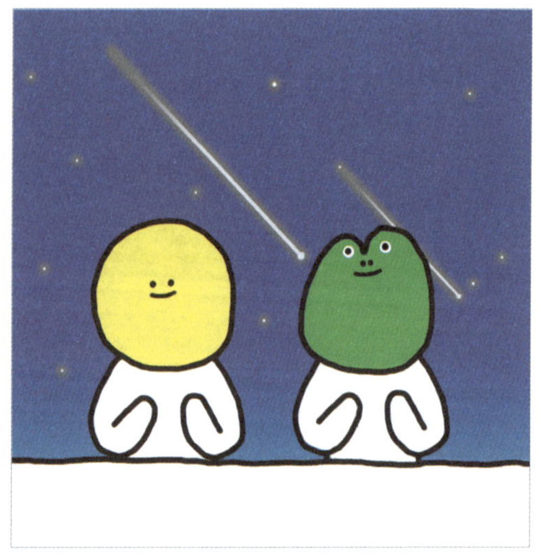

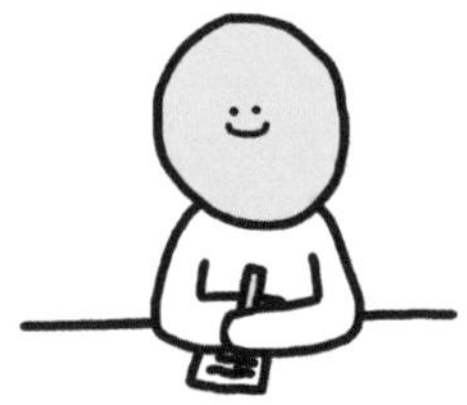

생각이 많으면
깊은 사고를 할 수 있어서 감사,
없으면 단순하게 살 수 있어서
감사하기로 했습니다.

모든 것에는 장단점이 있는데,
장점을 크게 보며 감사하면
조금 더 행복하고
즐거운 인생이 되지 않을까요?

Think Simple!

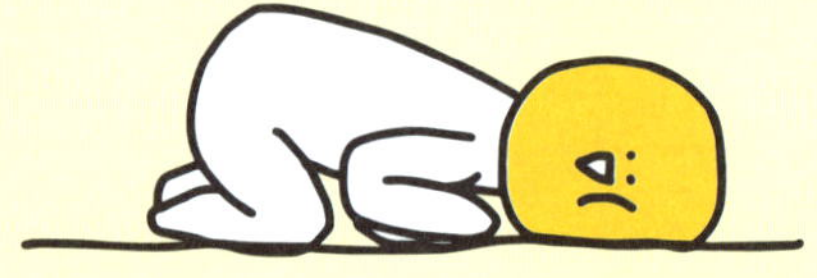

Episode
53

꽤 괜찮은 하루

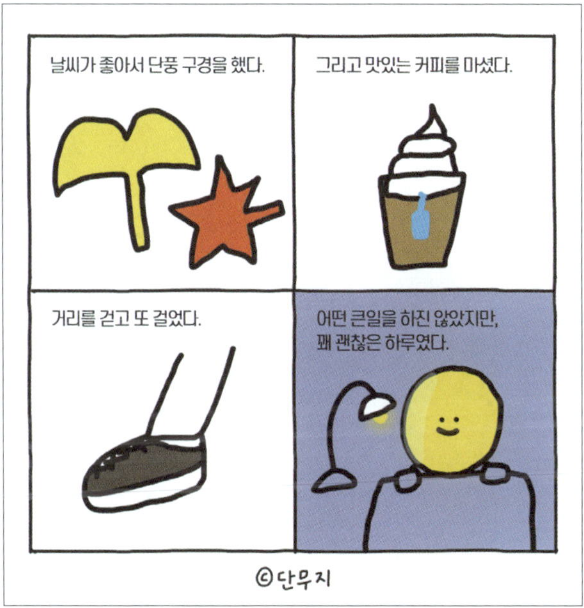

날씨가 좋아서 단풍 구경을 했다.
그리고 맛있는 커피를 마셨다.
거리를 걷고 또 걸었다.
어떤 큰일을 하진 않았지만,
꽤 괜찮은 하루였다.
ⓒ단무지

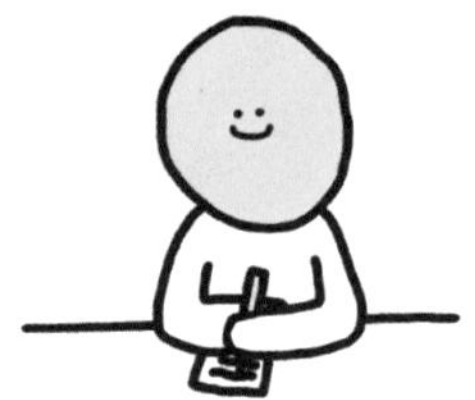

어떤 큰 일을 하지 않아도
일상의 소소함이
우리를 살아가게 만든다는 것을
느끼는 요즘입니다.

좋은 날,
부지런히 밖으로 나가자고요!

Episode
54

한계를 수용하는 것

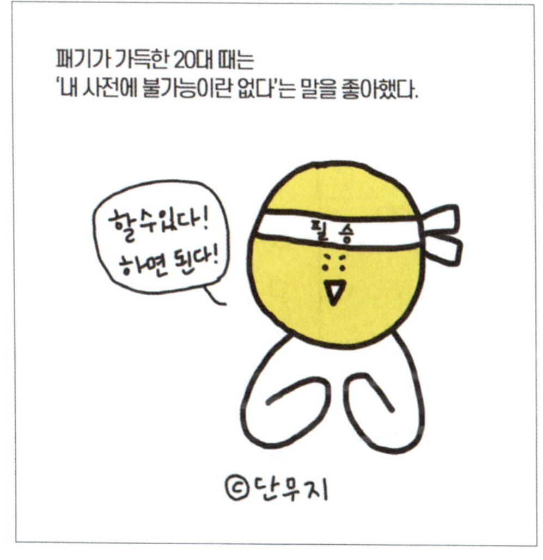

패기가 가득한 20대 때는
'내 사전에 불가능이란 없다'는 말을 좋아했다.
할수있다!
하면 된다!
필승
ⓒ단무지

하지만 나이가 들어가면서 가능성을 아는 것만큼
나의 한계를 아는 것도 중요하다는 생각이 든다.

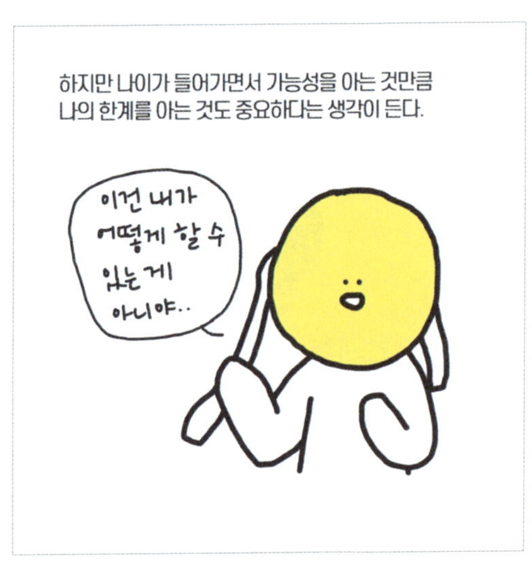

나의 한계를 수용하되,
지금 당장 내가 할 수 있는 것을 하는 것.

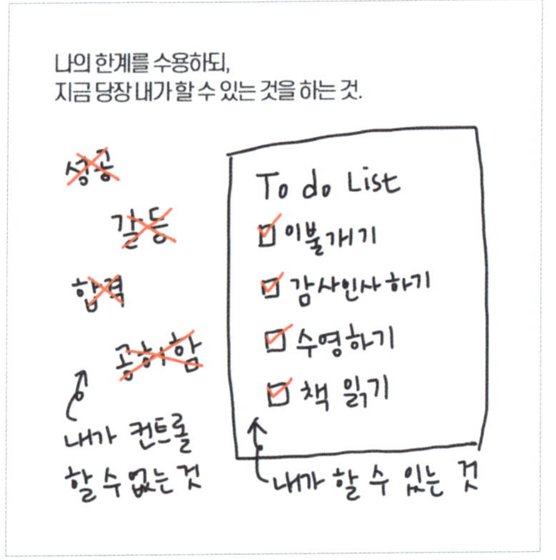

이것은 목표에 대한 포기가 아니며,
오히려 지속 가능하게 목표를 추구하는 방법이다.

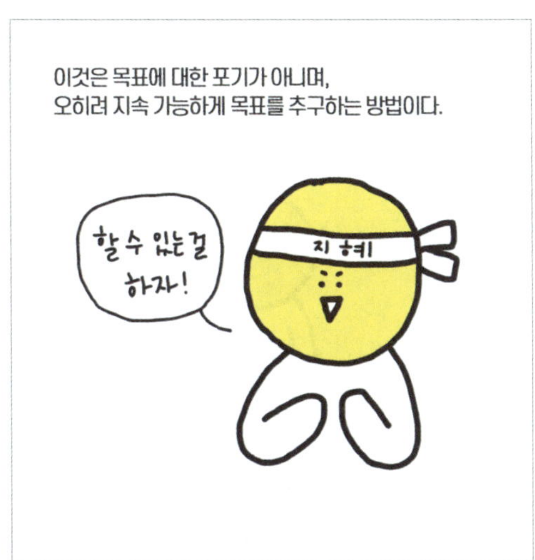

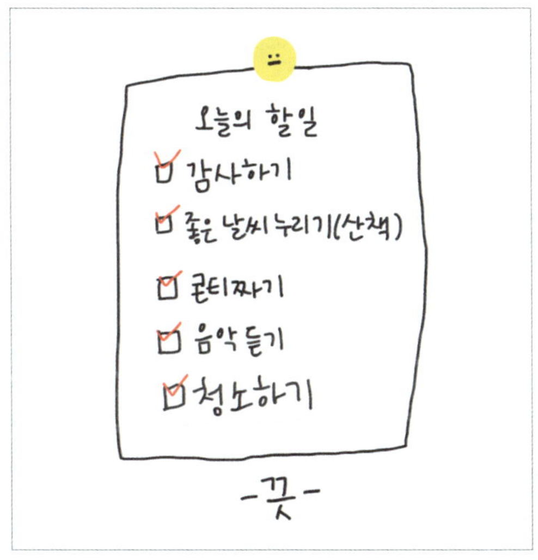

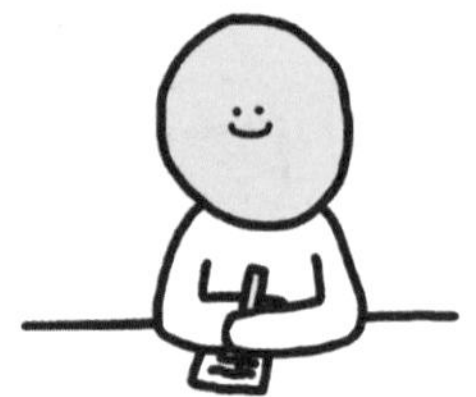

힘을 빼고 마음을 비울 때
더 높이 올라가게 된다는 말이 있습니다.

내 한계를 알되,
내가 할 수 있는 것을 담담히 해내는 것이
그 말의 의미라는 생각이 들어요.

그래서 저는 오늘도
내가 할 수 있는 걸 하려고요!

중요한 것은 꺾이지 않는 마음

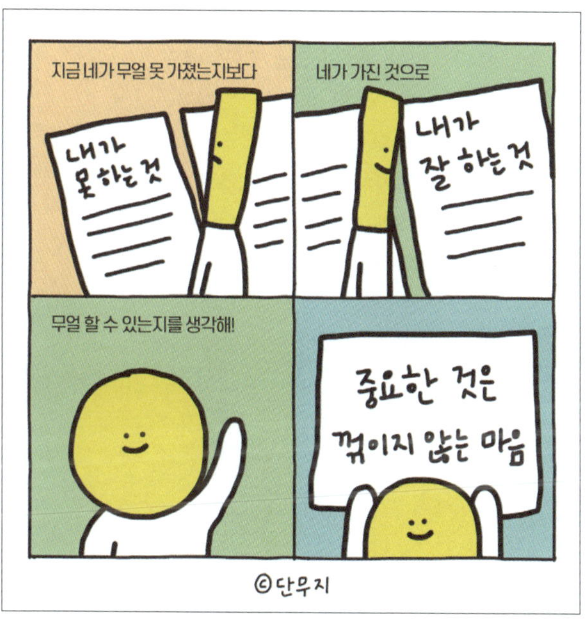

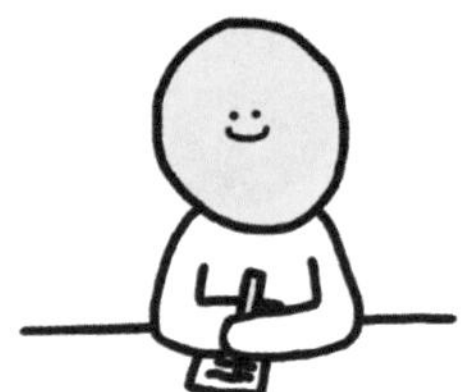

끝날 때까지 끝난 게 아니에요.
중요한 건 꺾이지 않는 마음.

내가 가지지 못한 것에 집중하기 보다,
내가 잘 하는 것을 생각하며
현재 내가 할 수 있는 것을 생각해보아요.

그러니 걱정하지마

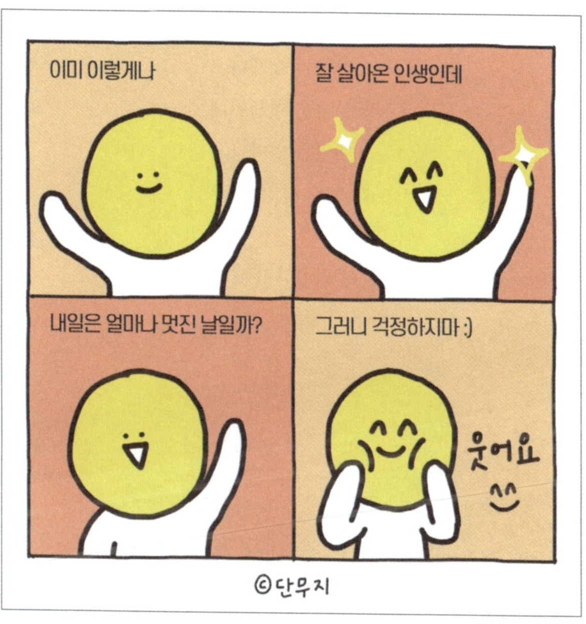

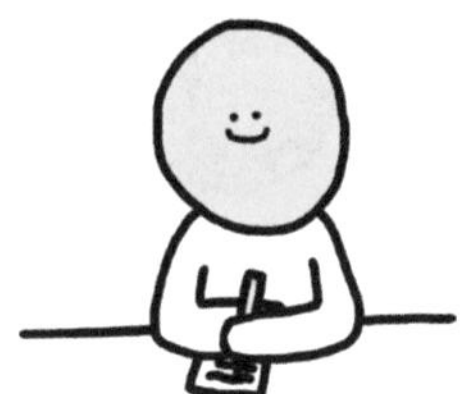

이미 이렇게나
잘 살아온 인생인데,
내일은 얼마나
더 멋진 날일까요?

그러니 걱정하지 말아요.

인생의 주인공은 나야나

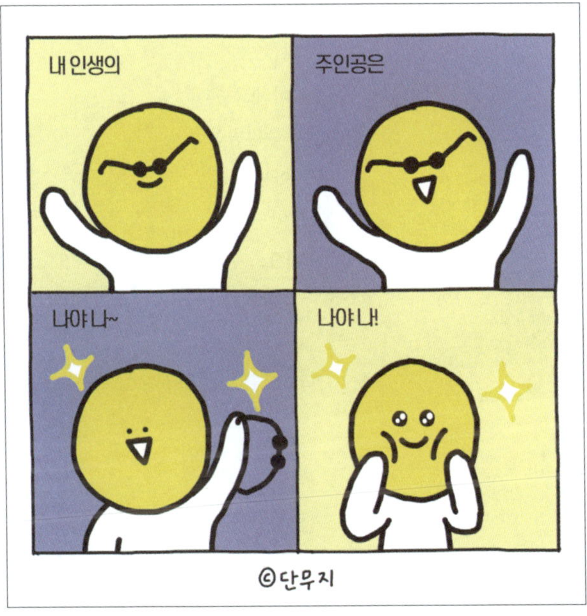

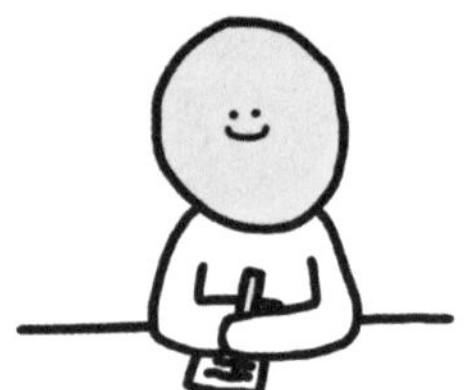

꼭 기억하세요.
내 인생의 주인공은
너도 아닌,
쟤도 아닌
나에요.

하늘을 봐

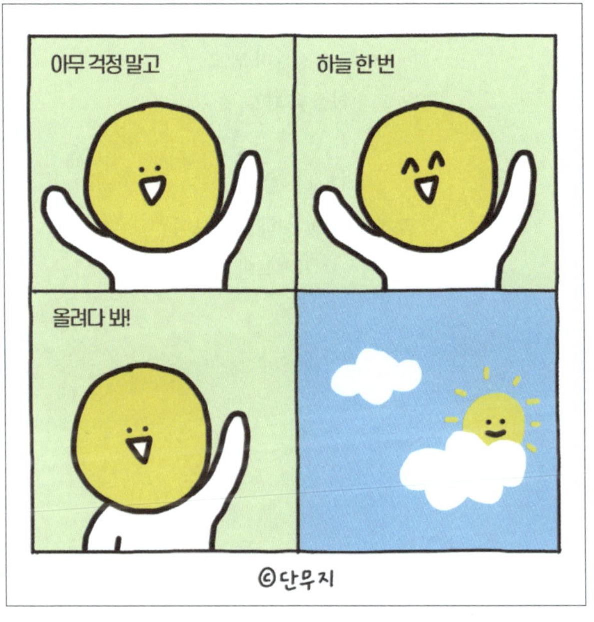

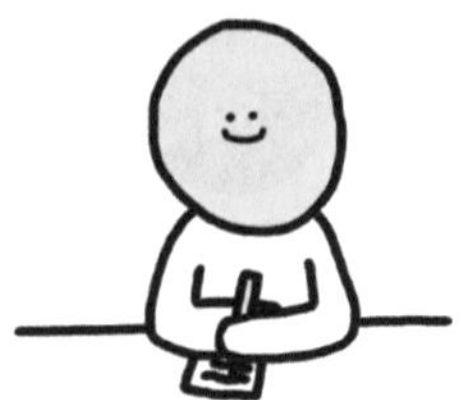

아무 걱정하지 말고
하늘을 봐요.

당신을 향해
맑게 웃고 있는 하늘을 보며
여유를 가져보아요.

행복한 사람

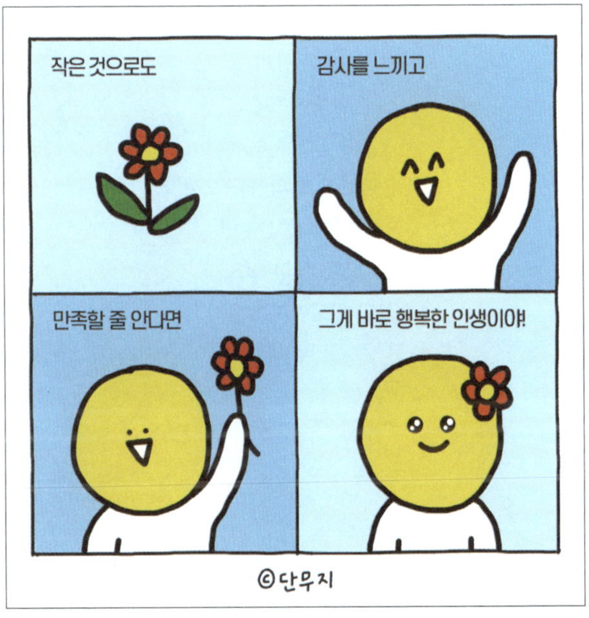

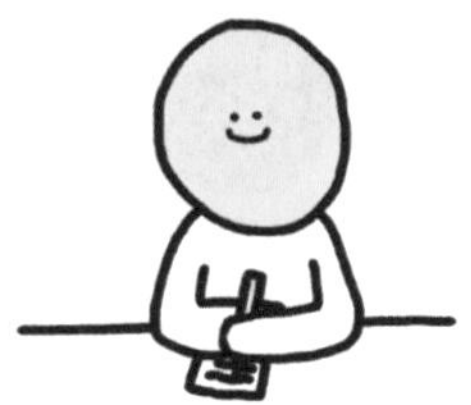

들에 핀 꽃,
맑은 공기,
따뜻한 햇살.

작은 것으로도 감사를 느끼고
행복할 줄 안다면
그것이 바로
행복한 인생이지 않을까요?

Think Simple!

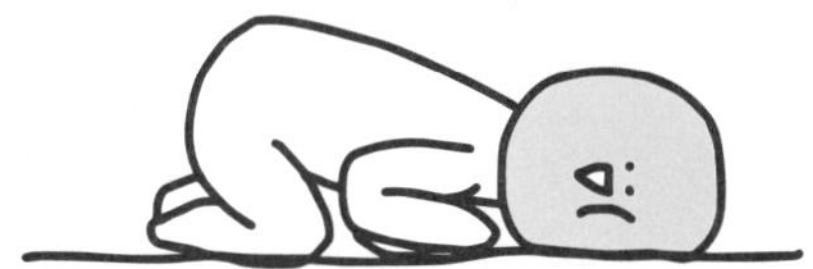

Episode
60

Outro.

봄.

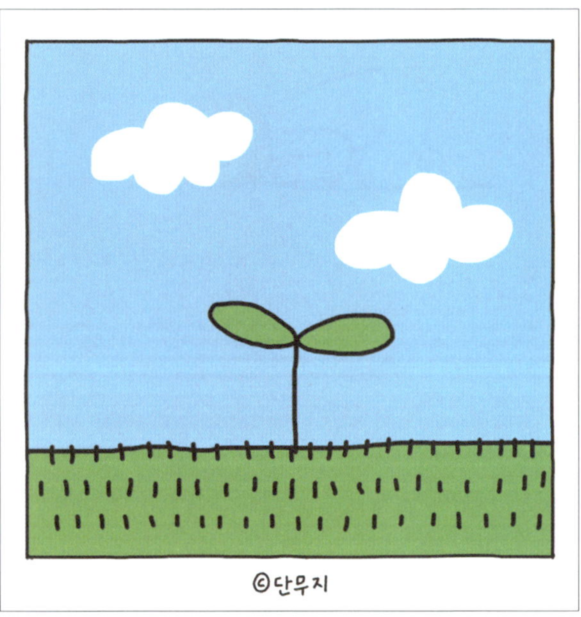

여름.

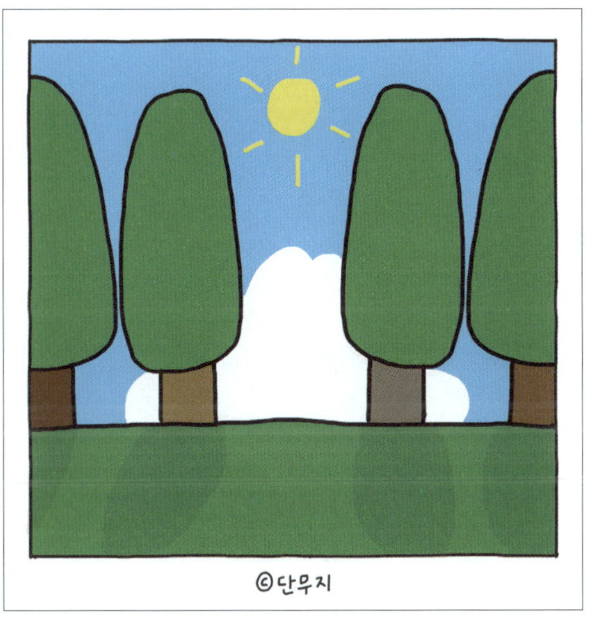

가을.

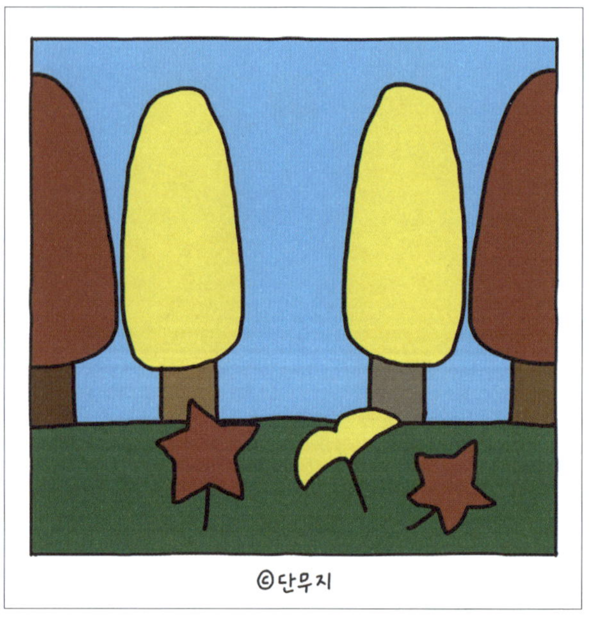

겨울.

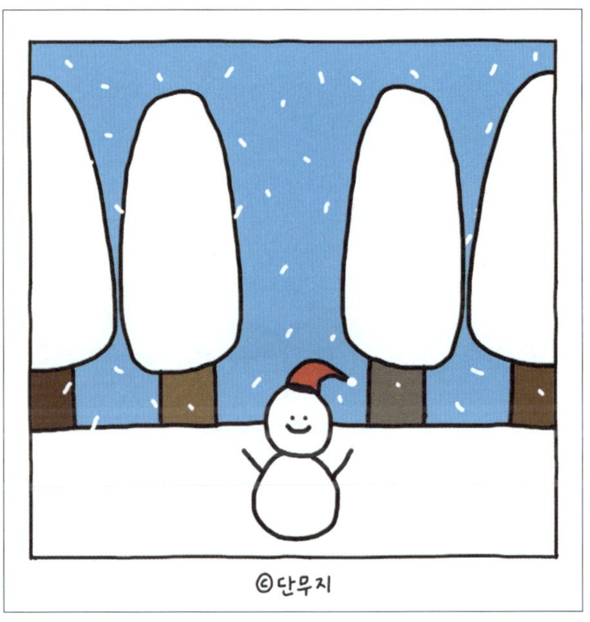

그리고 다시 봄.

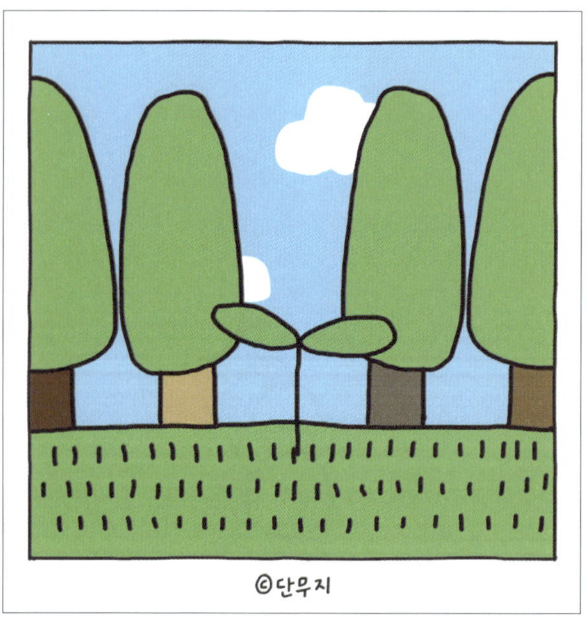

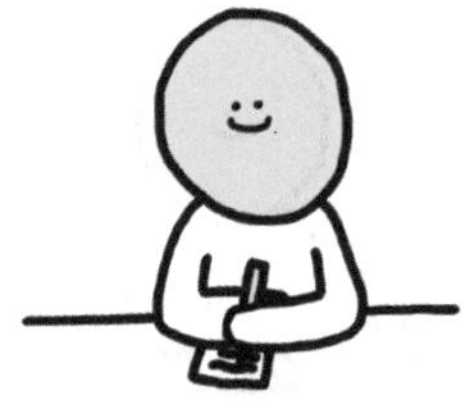

봄.
생명이 시작되는 계절.

여름.
생명이 푸르러지는 계절.

가을.
또 다른 생명을 수확하는 계절.

겨울.
다시 올 생명을 준비하는 계절.

그리고 다시 봄.

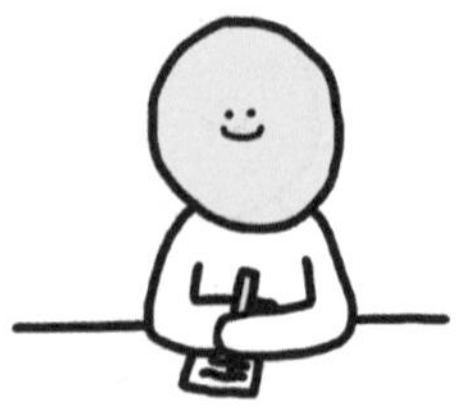

인생의 계절이
매서운 바람과 추위에 떨고 있다고 해서
낙심할 필요 없어요.

언제나 그랬듯이,
우리의 인생도
생명을 준비하는 계절에서
곧 생명이 시작되는 계절이 될 거에요.

그러니
조금만 더 힘을 내보아요 우리.

Think Simple!

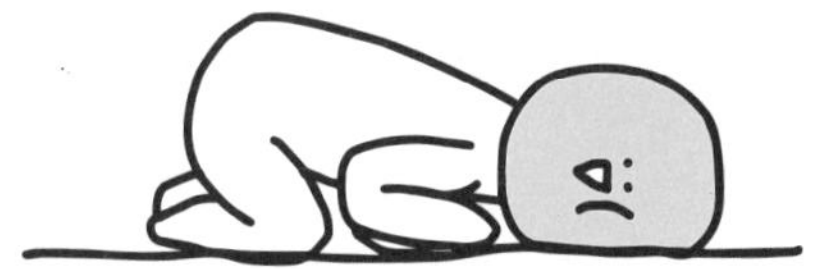

단무지의 단순한 마음일기

초판 1쇄 발행 2023년 8월 31일
지은이 단무지
발행인 단무지
편　집 단무지
디자인 단무지
마케팅 단무지

이메일 danmuzi.toon@gmail.com
인스타 https://www.instagram.com/danmuzi.toon/
블로그 https://blog.naver.com/danmuzi_toon

발행처 단무지